품위 있는 직장생활을 위한 76가지 방법

워크 라이프

맥스media

품위 있는 직장생활을 위한 76가지 방법

워크 라이프

몰리 어만 지음 | 김지나 옮김
크리스 산톤 그림

맥스media

이 책의 순서

머리말

오늘날 사무실은 '일하는 물리적 공간'으로서의 의미를 잃었다. 나의 경우, 유선 전화기는 사용하지도 않고 일하는 장소로 사용하는 곳은 과거 창고로 쓰였던 곳이다. 이곳에서 벗어나도 내가 가는 곳 어디든 내가 일하는 사무실이 된다. 아마도 우리의 부모 세대들은 사무실에 동물이 있거나 탁구대, 심지어는 맥주 기계까지 있다는 것은 상상할 수도 없을 것이다. 하지만 다락방 같은 곳을 개조한 공간이나 카페 한구석 자리처럼, 과거에는 사무실로 사용할 수 있다고 상상도 못 했던 장소들이 이제는 누군가의 사무실이 되고 있다. 물론 그런 사무실에서도 정장같이 격식을 갖춘 옷을 입어야 할 때가 있기는 하지만 말이다.

이렇게 물리적인 사무실에 대한 개념은 여러모로 변해왔지만, 직장에서 '일을 잘하는 것'에 관한 가치는 변하지 않았다. 일을 잘한다는 것은 무슨 말일까? 어떤 직장에서 적절한 드레스 코드가 무엇인가는 그 직장이 어느 산업에 속한지에 따라 다르지만, '일을 잘한다는 것'은 그 직장이 어떤 산업에 속하든 상관없이 공통으로 정의될 수 있다. 그것은 믿을 만하고, 조직적이며, 일에 대한 자부심을 느끼고, 필요하면 초과 근무도 마다하지 않는 태도를 의미한다(물론 직장에서 잘 나가기 위해서는 훨씬 더 많은 것을 해야 한다).

나의 이십 대는 '일을 잘하는 것'의 의미를 알아내기 위해 보냈다고 해도 과언이 아니다. 그 과정에서 운 좋게도 놀라울 정도로 지적이며 성공한 사람들과 일할 기회도 가질 수 있었는데, 그들을 따라잡기 위해 노력하는 것만으로도 많은 것을 배울 수 있었다.

이 책에는, 나 자신에게도 좋은 본보기가 될 만한 조언으로 가득하다. 이 책은 조직적으로 업무를 할 수 있도록 도와주고, 하루를 망치게 할 수 있는 산만한 일로부터 당신을 지켜줄 것이다. 생산적인 메일을 어떻게 쓸 것인지, 소셜 미디어에서 저지를 수 있는 실수를 어떻게 예방할 것인지, 자기 일을 당신 무르팍에 탁 던져놓는 직장 빈대들을 어떻게 거절할 것인지에 관한 꿀팁뿐만 아니라 연봉 협상 방법과 컴퓨터 응시할 때 눈 보호하기 등의 충고도 함께 담고 있다.

나는 수년 동안 전문적인 커리어 어드바이스를 많이 해왔지만, 내가 가장 좋아하는 조언은 할아버지로부터 왔다. "어디를 가든 그 장소가 네 것인 양 등장해라." 할아버지는 항상 나에게 이렇게 말씀하셨다. 다른 말로 하자면, 여유롭지만 분명한 자신감을 가지고(그리고 어쩌면 잘난 척을 한다는 느낌마저 주면서) 행동하라는 것이다. 조언의 효과는 때에 따라 어느 정도 달랐지만, 나는 학교에 간 첫날부터 대학교 때까지 그 조언대로 행동했다. 어른이 되고 나서는, 불편해지는 상황을 접할 때마다, 다시 그 충고를 생각한다. 나는 이 책을 읽은 당신이 자신이 활동하는 장소가 어디든 그곳이 당신 것인 양 느낄 수 있는 경지에 이르기를 바란다(그리고 언젠가는 정말 당신이 그곳의 주인이 되기를 바란다).

– 몰리 어만

1

조직적이 되어라

당신의 공간을 개인화하라

직원들이 사무실에서 자기 공간을 개성적으로 꾸미는 일에 전혀 상관하지 않는 회사도 있지만, 상관하는 회사도 있다. 자신만의 개성을 회사와 부딪치지 않고 무난히 연출하는 방법에 대한 몇 가지 아이디어를 제안한다. 사무공간이 칸막이로 분리된 큐비클(cubicle)이든 아니면 방 전체를 다 쓰는 사무실이든 상관없이 적용할 수 있을 것이다. 단, 자신이 수집한 박제 동물들을 사무실에 떡하니 전시하는 무리한 방법 따위는 시도하지 마라.

- 지도나 너무 개인적이지 않은 사진들, 색감 있는 추상적 이미지를 담은 미술 작품 몇 점을 걸어보라.

- 작고 튼튼한 다육식물이나 키우기 쉬운 선인장같이 강인한 식물을 사다 놓아라.

- 학구적인 분위기를 더해주고 머리 위로 쏟아질 강한 불빛을 부드럽게 해줄 작은 책상용 램프를 설치하라.

- 직업적으로 도움되는 책과 개인적으로 관심 있는 책으로 나만의 도서관을 만들어라. 세워둔 책이 쓰러지지 않게 받칠 때는, 수정 장식품이나 골동품 페이퍼웨이트(paperweight, 종이가 날아가지 않도록 고정하는 물건)같이 재미있는 물건을 사용하라.

- 탁상용 조각품이나 여행지에서 구매한 기념품같이 강한 인상을 주는 물품을 몇 개 섞어 올려놓아라.

책상이 지저분하지 않게 늘 정리하라

지저분한 집에서 편안함을 느끼거나 생산적이기는 어렵다. 사무공간도 마찬가지다.

- 너무 많은 종이, 더러운 일회용 음식 포장 용기들, 그 외 쓰레기들을 치우지 않고 그대로 내버려두면, 나중에 그 위에 불필요한 잡동사니들이 쌓인다. 그렇게 내버려두지 마라!

- 매일, 하루 일과가 끝나면, 다음 날 아침에 필요 없을 것들은 모두 가차없이 쓰레기통에 버리거나 파일처리 해버려라. 저녁 시간에 이런 청소 의식을 치르면, 일과를 만족스럽게 끝낼 수 있을 뿐만 아니라 다음 날 아침도 생산적으로, 그리고 상쾌하게 시작할 수 있을 것이다.

메일함을 정리하라

메일함이 가득 차서 폭발하게 하지 마라. 메일함의 분노를 누그러트리려면 헌신이 필요하다. "읽지 않은 메시지가 4,000개 있습니다"라는 표시가 메일 아이콘 위를 떠다니는 것보다 더 짜증 나는 일은 없다. 읽지 않은 메시지 수를 제로로 만들 필요까지는 없더라도, 적어도 통제 가능한 메일함을 만들도록 노력해야 한다.

현존하는 상황들을 처리하라

- 이미 완결된 프로젝트에 대한 오래된 메일들은 지워라.

- 구독을 원하지 않는 뉴스레터들은 적극적으로 해지하라.

- 메일 폴더는 카테고리로 분류해서 만들고, 받은 메일들을 그에 따라 파일 처리 하라.

들어오는 메일들을 프로같이 관리하라

- 뉴스레터나 답신을 보낼 필요가 없는 메일은 읽자마자 지워라.

- 동일 주제에 대한 메일들을 연속적으로 주고받았다면, 또 다른 새로운 메일로 시작하지 말고, 이전에 주고받았던 메일에 답하는 식으로 메일을 작성하라.

- 어떤 일이나 이슈가 일단 해결되었다면, 그것에 대해 연속적으로 오간 대화들을 지워라.

- 메일 정리 시간을 일정에 넣어, 정해진 시간에 주요 메일들을 지정된 폴더에 잘 넣어놓으며 메일함을 깔끔히 정리하라.

매일의 업무에 우선순위를 정하라

월요일 아침에 가장 먼저 할 일은 주간 업무 점검이다. 긴급한 업무 순서대로 나열해 목록을 만들고, 목록에는 업무 완수에 필요한 실질적인 정보들을 포함시켜라. 분초를 다투거나 시간이 많이 소요되는 프로젝트에 먼저 초점을 맞추어, 처리하는 데 드는 시간을 따로 플래너에 표시해놓아라. 회의 약속을 잡듯, 업무 일정을 플래너에 미리 정리해 두면 업무 처리를 매끄럽게 능률적으로 해나갈 수 있을 것이다.

소소한 일을 잘 처리하라

오늘도 그러하고 경력 전반에 걸쳐 가장 훌륭한 비서는 아마 당신 자신일 것이다. 그러니 지금 시간을 내어 소소해 보이지만 중요한 디테일들을 정리하라. 일정 짜기, 영수증 정리 및 제출하기, 출장 예약하기 또는 필요한 용품 주문하기 등은 별것 아닌 것처럼 보여도 회사에서 절대 사라지지 않을 근본적인 업무들이다.

주위를 산만하게 하는 일들과 싸워라

어느 때든, 수중에 있는 업무 이외의 많은 것이 주의를 산만하게 할 수 있다. 전화, 소셜 미디어, 개인 메일, 동료 등 당신의 주의를 뺏는 일들은 정말 많다. 그런 정신적인 잡동사니를 치워나가야만, 더 효율적이고 견고하게 일을 해낼 수 있다.

1) 성취 가능한 목표를 설정하라. 예를 들어, 지지부진한 프레젠테이션 준비를 마무리하거나, 폴더를 재정리하거나, 회의 안건들을 정리하는 등 목표를 설정하라. 그리고 목표를 달성할 때까지, 그 일에 집중하라.

2) 전화기는 당신 손이 닿지 않을 만한 곳에 넣어두고, 비행기 탑승 모드로 설정을 바꾸어라.

3) 사무실이 시끄럽지만 책상에서 벗어날 상황이 아니라면, 소음 방지 헤드폰을 사용하라. 음악을 듣지 않더라도 말이다(65쪽 참고).

4) 수다스러운 동료들에게는, 친절한 어조로 확고히 말하라. 당신도 그들과 밀린 이야기를 하고 싶어 죽겠다고, 하지만 나중에 하자고.

5) 집중력을 잃기 시작하면, '5분 휴식'을 위해 자리에서 일어나 주변을 걸어라. 그런 후 자리에 돌아와 일을 계속하라.

2

자기 자신을 표현하라

탁월하게 메모하라

회의 중의 메모는 좋은 점이 세 가지 있다. 첫째, 회의 때 들은 것을 나중에 기억하기 쉽다. 둘째, 회의 때 오간 대화들을 보유할 수 있다. 셋째, 메모는 당신이 주의를 기울이고 있다는 것을 모두에게 쉽게 보여줄 수 있다. 펜으로 쓰든 키보드를 쓰든, 당신의 메모 기술을 극대화하는 방법들은 다음과 같다.

1) 새로운 페이지로 시작하라. 날짜, 참가자, 주제로 정확하게 표시해서 라벨을 붙여라.

2) 효율적인 메모 형식을 만들고, 모든 회의에서 그 형식을 고수하라. 일관성을 지키면 나중에 노트에서 찾아 재검토할 때 수월할 것이다.

3) 간결하고 꼼꼼하게 필기하라. 빠뜨리는 것 없이 신속하게 필기하려면 목록과 줄임말을 사용하는 것도 좋은 방법이다.

4) 내면의 파블로 피카소를 꺼내려는 충동을 이겨라. 회의 중 낙서는 현재 논의되고 있는 사안에 대해 당신이 관심 없다는 것을 다른 이들에게 암시하는 행위이다.

5) 회의 후 노트에 설명을 붙여라. 기억이 아직 생생할 때 몇 분을 할애해서, 요점들을 보다 구체화하라. 그리고 다음 단계에서 시행 가능한 것들이 무엇인지 알아보라. 꼭 대학에서 했던 것처럼 말이다!

6) 노트를 확인하며 재검토하는 시간을 매주 가져라. 우선순위를 기억하고 진행 상황을 확인하는 데 도움이 될 것이다.

받는 사람

참조

제목

눈부시게 메일 쓰기

- '안녕하세요'라는 인사말을 빠뜨리지 말고, 부탁할 때는 '부디'와 같은 정중한 언어를 꼭 사용하라.

- 긴급한 일들은 '빠른 시일 내에' 받을 수 있기를 원한다며 정중히 부탁하라.

- 그들의 도움에 감사를 표하라. *

- 모든 메일은 쉽게 다른 사람들에게 전달된다는 것을 기억하고 늘 예의를 지켜라.

*** 추신** 다른 사람들이 당신에게 고맙다고 표하는 것을 잊을지라도 당신은 감사를 표현하라. 그들이 감사하다고 표현하지 않는다고 해서 마음으로도 그렇지 않다는 것은 아니다. 하지만 당신은 그들보다 한 수 위가 되어 자주 감사하다고 말하라.

눈부시게 메일을 써라

우리는 한 주에도, 아니 어떨 때는 매일, 수백 통의 메일을 주고받지만, 보통은 사려 깊고 강렬한 인상을 주는 메일을 주고받지는 않는다. 도리어 이름의 철자를 틀리거나, 사교적인 인사말을 무시하거나, 마침표도 빼먹는다. 하지만 메일에 각별히 신경을 쓰면 당신의 사무실 내외 직장 관계들이 더 견고해질 것이다.

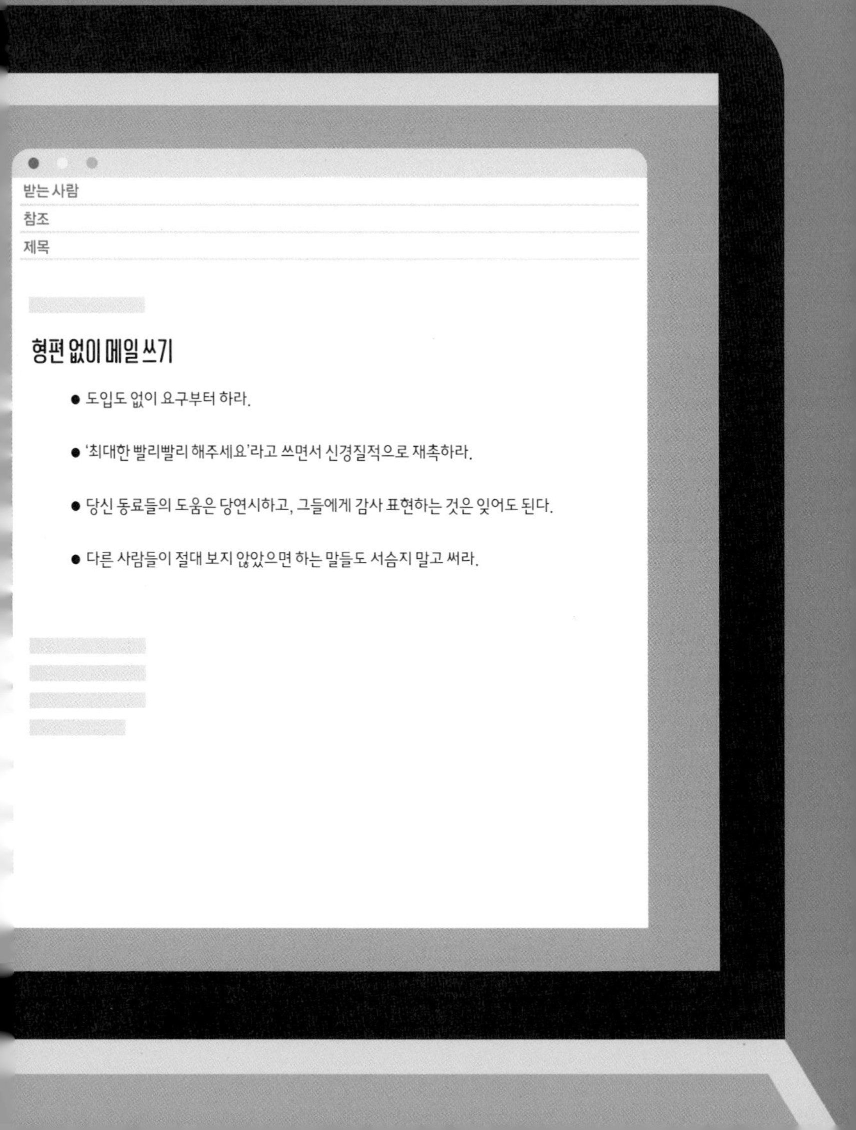

화로 가득 찬 메일을 보내지 마라

아, 그 열 받게 하는 편지여…. 우리는 모두 이런 메일 몇 통쯤은 쓴 죄가 있다. 그리고 대부분 그렇게 한 것을 후회한다. 분노에 찬 메일을 쓰면 순간적으로는 카타르시스를 느낀다. 하지만 우리는 그런 메일은 쉽게 보내지는 않는다. 그리고 그렇게 하는 것이 이상적이다.

- 분노를 자극하는 메일이 도착했을 때는, 답장을 써나가라. 하지만 그러고 나서는 보내기 버튼을 누르는 대신에 저장 버튼을 누르고 즉시 심호흡을 하라. 썼던 것을 다시 읽으면, 아마도 어조를 좀 더 부드럽게 할 필요성을 깨달을 것이다.

- 항상 우호적이 되어라. 그렇게 하는 것이 고통스럽더라도. 메일은 지워지지 않는 유성펜과 비슷하기 때문이다. 메일은 일단 보내지면 메일 안의 메시지를 깨끗이 지우기란 매우 어렵다.

전화를 잊지 마라

우리는 디지털 퍼스트 문화에 살고 있다. 우리 중 대다수는 유선 전화를 심지어 단 한 번도 가져본 적이 없다. 그러므로 사람들과 연락할 때, 자연스럽게 문자 기반 커뮤니케이션에 거의 전적으로 의존하게 된다. 하지만 이러한 디지털 퍼스트 문화로 인해, 우리는 전화 한 통화의 가치가 얼마나 큰지를 망각하고 있다.

- 전화 통화는 사람과 사람 사이의 유대감을 느끼게 할 수 있고, 효율적이며, 효과적일 수 있다.

- 당신이 민감한 사안을 다루고 있거나, 상대방의 답변이 바로 필요하거나, 직장 내 누군가와 관계를 형성하고 있다면, 전화기를 들어 대화를 나누어라. 그렇게 하면, 필요한 답변을 빨리 받을 수 있고, 더 나아가 누군가와 참다운 유대감을 쌓을 수 있을 것이다(팁: 전화상에서는 당신의 요구에 상대방이 '안 돼요'라고 거절하기가 더 어렵다).

멋진 프레젠테이션을 하라

파워포인트나 키노트 같은 시각적 도구는 프레젠테이션에 전문성을 더해준다. 하지만 엉뚱한 활자체, 썰렁한 농담, 산만한 애니메이션과 같은 함정은 피하라(왜 하필 프레젠테이션할 때, 사람들이 엉성한 언어 유희에 열광할까?).

1) 프레젠테이션은 슬라이드 20장 이내로 제한하라.

2) 간결하고도 멋진 활자체를 선택하라.

3) 따라가기 쉬운 이야기를 만들어라.

4) 핵심 내용들을 스크린에 띄워 프레젠테이션의 틀을 잡아라.

5) 슬라이드가 모든 일을 다 해줄 것이라고 기대하지 마라. 슬라이드의 역할은 당신이 말하고 있는 것에 간간이 마침표를 찍어주는 것이다.

소셜 미디어는 상사처럼 탐색하라

몇몇 전직 정치인들이 말한 것처럼 당신은 140자 이내의 글로 인해 자신의 커리어를 망칠 수 있다. 소셜 미디어는 강력한 도구이지만, 양날의 칼이다. 좋게도 나쁘게도 쓰일 수 있다.

- 인터넷은 영원하다. 이 말은 온라인에 쓴 것은 지우기가 거의 불가능하다는 의미이다. 소셜 미디어에 무엇을 쓰기 전에 '인터넷은 영원하다'는 말을 길잡이별로 삼아라.

- 직원으로서, 당신은 회사를 대표하는 사람이다. 실생활에서도 온라인상에서도 그러하다. 프로필에 근무지를 밝힐 때, 공공의 눈에는 당신이 그 회사의 대변인으로 비칠 수 있음을 명심하라.

- 온라인에서는 당신의 근무지에 대해 긍정적으로 말하라. 아니면 아예 이야기를 꺼내지 마라. 이 충고는 현 직장에 대해 말할 때든 미래에 가질 직장에 대해 말할 때든 똑같이 적용된다.

- 인종차별적인 사진은 절대 올리지 마라. 현재의 상사들이나 미래의 상사들이 보아도 괜찮을 사진들만 포스팅해야 한다.

- 소셜 미디어는 정당하게 주목받을 기회를 제공한다. 소셜 미디어는 당신이 가장 똑똑하고, 가장 재치 있고, 가장 정통한 자가 되게끔 해주는 공적인 장소이다. 소셜 미디어 안에서 지적 존재감을 만들어내면, 당신은 주목받을 것이고 그 분야에서 영향력 있는 리더로 세워질 것이다.

3

음식, 간식, 사무실 주방

SOUP

건강한 점심 도시락을 싸라

웰빙과 예산을 살펴, 적어도 일주일에 두세 번 정도는 도시락을 싸보라. 건강한 도시락 싸기에 대한 영감이 필요하다면 다음의 아이디어는 어떨까.

메이슨 유리병 샐러드

가장 잘 어울리는 재료들은 레터스와 다양한 채소들, 곡물 또는 파스타이다. 샐러드 드레싱은 병 바닥에 뿌려 샐러드가 시들시들해지는 것을 막아라.

샌드위치

선택의 종류가 끝도 없겠지만, 그중 이런 것들이 있다. 피넛버터를 바르고 바나나를 얹은 빵, 호밀빵과 햄, 절대 실망시키지 않는 BLT(베이컨, 레터스, 토마토 샌드위치), 겨자와 스위스 치즈를 곁들인 다양한 채소 등이다.

도시락 박스

도시락은 시각적인 만족과 더불어 식사량 조절에도 도움이 된다. 허머스(병아리콩을 으깨서 타히니, 올리브기름, 레몬 즙, 소금, 마늘 등을 섞어 넣은 소스이며, 중동이나 지중해에서 즐겨 먹는다)와 채소로 도시락을 쌀 수도 있고, 홈 메이드 타코나, 전통적인 도시락(쌀, 생선이나 고기, 채소로도)도 좋다.

수프

일요일에는 수프를 만들어라. 그러면 그 수프를 금요일 점심까지도 먹을 수 있다. 보온병에 수프를 담으면 가지고 다니기도 쉽고, 새지도 않는다(팁: 한 손으로는 수프를 한 모금씩 마시면서, 다른 한 손으로는 일할 수 있어 점심시간 내내 멀티태스킹을 할 수 있다).

프리 스낵바에서는 정신줄을 꽉 잡아라

대학교 신입생 때 급격한 체중 증가를 겪은 기억이 있는가? 신입사원 때도 체중이 급격히 불어날 수 있다. 프리 스낵바 탐식으로 인해서다. 100칼로리 존이라지만 결코 만만하게 볼 것이 아니다. 프리 스낵바에서 지켜야 할 몇 가지 다이어트 규칙을 소개한다.

- 음료용 물, 블랙커피, 차 (모두 제로 칼로리로 좋은 시작점이다)
- 작은 사이즈의 저지방 라떼
- 무지방 그리스식 요구르트 반 컵
- 엠앤엠즈 초콜릿 25개 또는 피넛 초콜릿 9개
- 리즈 피넛버터 컵 쿠키 1개 (110칼로리 정도이고, 진짜 먹을 가치 있음)
- 작은 다크 초콜릿 3조각
- 피넛버터 반 스푼과 작은 사과 또는 바나나 1개
- 딸기 종류 1컵
- 허머스 두 스푼을 얹은 채소
- 피스타치오 25개

사무실 냉장고를 이용할 때 지킬 규칙들

사실 규칙은 하나밖에 없다. 그리고 아주 간단하다.

- 다른 사람의 음식을 먹지 마라! 사무실 냉장고는 신경전의 온상이 되기 쉽다. 당신의 점심이 사라졌거나, 반대로 당신이 부지 중에 생일 맞은 여인의 마지막 컵케이크를 먹었다면 특히 그렇다.

- 공용 냉장고 안 음식에 표시하는 문구는 은근히 공격적이거나 또는 대놓고 공격적인 문구를 쓰기도 한다. 예를 들면 '이 요구르트는 ○○○ 것이니 먹지 마시오'처럼. 이렇게 하지 말고, 간식 통에는 분명하고 간결하게 이름을 적어 붙이고, 파티를 위한 스파클링 백포도주같이 특별 관리해야 할 필요가 있는 물품에는 친절하게 쪽지를 붙여라. '나를 마시지 마십시오, 나는 행사에 필요합니다'라고.

- 물론 냉장고 전투에서도 항복할 수 있으니, 백기를 들 때는 그냥 간단히 '가져가세요!'라는 쪽지를 남기면 된다. 당신에게 무언가 나눌 것이 있다면, 그렇게 하라는 것이다. 그것이 술이라면 보너스 포인트를 받을 것이다.

직장에서 전자레인지에 넣으면 안 되는 것들

생선

여기서 생선이라 함은 생선이 들어 있거나 생선 비린내가 나는 모든 것을 의미한다.

달걀

누가 달걀을 머그컵에 넣어 전자레인지에 구우라고 했을까? 누군지는 모르겠으나, 분명히 사무실에서 일해본 사람은 아닐 것이다.

팝콘

여기서 팝콘이라 함은 타버린 팝콘을 말한다. 팝콘을 만들고자 하면, 전자레인지에서 팝콘 봉지를 정해진 시간보다 일찍 꺼내라. 그렇지 않으면 청소하느라 바빠질 것이다. 더 좋은 방법이 있으니, 그냥 튀겨진 것을 사라.

점심 테이블을 잘 꾸며라

점심시간에 좋아하는 레스토랑에서 편안히 앉아 식사할 수 있는 사람이 몇이나 될까? 좋아하는 레스토랑에 갈 수 없어 책상에서 점심을 해결해야 하더라도, 책상을 근사하게 꾸밀 필요는 있다. 즉각적인 업그레이드를 위해, 다음과 같은 몇몇 필수품을 손 닿을 만한 거리에 두어라.

고급스러운 소금통

미니 후추 분쇄기

소스

좋은 올리브유

자기 그릇

감각적인 유리 제품

4

건강을 유지하라

인간공학의 교훈

인간공학이라면 대학에서 F 학점을 받았을 과목같이 들릴 수 있다. 하지만 인간공학은 사실 편안함을 최적화하고 스트레스를 줄이도록 사물을 배치하는 응용 방법을 말한다. 특별한 장비의 도움 없이 몇 가지 변화만 주어도, 사무공간을 조금 더 인간공학적으로 만들 수 있다.

1) 먼저 허리를 세워라: 구부정하게 앉지 않는다.

2) 팔을 쭉 펴고, 손목은 편안히 힘을 빼며, 책상 아이템들은 쉽게 손 닿을 만한 곳에 두어라.

3) 컴퓨터 스크린은 팔 길이 만큼 떨어진 곳에 위치시키고, 눈높이에 맞추어 놓아라.

4) 적어도 1시간 30분 단위로 일어나 걸어다니고, 자세를 바꾸어주어라.

DIY 스탠딩 책상

과학 연구에 의하면, 앉아 있는 시간은 비만, 심장병, 심지어 조기 사망과도 연결된다고 한다. '앉아 있기는 새로운 형태의 흡연이다!' 이런 뉴스에 깜짝 놀라 일어섰다면, 그 자세로 잠시 일해보라. 굳이 스탠딩 책상까지 구매할 필요는 없다.

- 책상 위에 놓인 책들의 용도를 변경해 스탠딩 책상을 만들 수 있다. 즉, 책들을 쌓아놓고 그 위에 노트북을 올려놓으면 된다.

- 허리 높이의 책꽂이도 서서 일할 수 있는 사무공간이 될 수 있다.

- 미니멀리즘을 선호한다면 벽선반 또한 스탠딩 책상으로 이용할 수 있다. 선반이 벽에 단단히 고정되어 있는지는 반드시 확인하라.

책상에서 스트레스를 푸는 10가지 방법

심장이 쿵쾅쿵쾅 뛰고, 발을 구르는 등 성질이 막 올라오는가? 그렇다면 시간을 내서 다시 중심을 잡고 스트레스를 분산시켜라.

1) 헤드폰을 집어 들고 마음을 가라앉히는 음악을 틀어라.

2) 컴퓨터를 음소거 모드로 돌려라.

3) 의자를 컴퓨터 반대 방향으로 돌리고, 두 눈을 감아라.

4) 요가 수업에서처럼 호흡하라. 넷까지 세면서 숨을 길게 쉬어라. 깊게 숨을 들이쉬면서 넷을 세고, 천천히 그리고 온전히 숨을 내쉬면서 넷을 세어라. 그리고 반복하라.

5) 일어나서 10분 동안 걸어라. 실외에서 걸으면 더 좋다.

6) 친구와 이야기하라. 잠시 개인적인 생활에 관해 이야기하다 보면 자신의 직장 스트레스를 여러 관점에서 조망할 수 있게 된다.

7) 허브차를 한 잔 타서 마셔보라.

8) 책상 위의 잡동사니를 치워라(13쪽 참고). 사무공간을 정리하면 정신적인 공간도 창출된다.

9) 계단처럼 눈에 잘 띄지 않는 장소를 찾아서, 점핑잭(jumping jack, 거수 도약 운동)이나 빨리할 수 있는 종류의 운동을 하라(59쪽 참고).

10) 퇴근 후의 계획을 짜라. 체육관에 가든, 해피아워(happy-hour, 초저녁 식음료를 저렴하게 판매하는 시간) 칵테일을 한잔하러 가든, 낙으로 삼고 기다릴 만한 끌리는 무언가를 자신에게 선사하라.

과도한 업무 부담으로부터 자신을 구하라

바쁜 것은 좋다. 그러나 압도당하는 것은 끔찍하다. 압도당하면 불면증뿐만 아니라 스트레스와 불안을 유발할 수 있다. 압도당하고 있다는 느낌을 받으면, 수동적으로 대응하지 마라. 지나가주기만을 바라며 가만히 있는 것은 마치 마감일이라는 거대한 파도 속으로 빨려들어가지 않으려고 잠자코 물장구만 치고 있는 것과 같다.

- 팀의 우선순위를 이해하라. 상사와 동료들에게 당신이 맡은 일 중 어떤 것이 가장 중요한지를 이야기하라.

- 위임할 수 있는 일이면 어떤 일이든 믿을 만한 동료에게 위임하며, 자신의 업무량을 줄여라.

- 일정을 협의해서 조정 가능하다면 마감일을 연장하라.

- 한계를 정하라. 그리고 능력의 한계에 도달했다고 느낄 때는 솔직하라. 그렇게 하면, 당신에 대한 팀의 기대치를 관리할 수 있을 뿐만 아니라 자신의 정신건강 유지에도 도움이 될 것이다.

F
B
D
C
C
E

직장에서 운동하기

운 좋은 사람들은 점심시간에 빠져나와 체육관에 갈 수도 있다. 그렇게 하기 힘들다면, 직장에서 짬을 내 운동할 방법이 여기 있다.

계단 이용하기 (A)

엘리베이터를 멀리하고 계단을 이용하라.

책을 웨이트 도구로 이용하기 (B)

여러 권의 책으로 약 2~3킬로그램 웨이트 한 세트를 즉흥적으로 만들 수 있다. 그렇게 책으로 만든 웨이트로, 바이셉 컬(bicep curl), 프론트 암 레이즈(front-arm raise), 그리고 오버헤드 프레스(overhead press)를 하라.

바닥이나 책상을 짚고 팔굽혀펴기 하기 (C)

아무 도구도 필요하지 않다.

시티드 레그 레이즈 (D)

책상 아래에서 시티드 레그 레이즈(seated leg raise)를 해서 다리 근육을 활성화하고 몸매를 잡아주어라.

사무실 주변 산책하기 (E)

전화할 필요가 있든 그냥 머리를 맑게 할 필요가 있든 사무실 주변을 한 바퀴 돌아라.

스쿼트 (F)

책상 의자를 치워 공간을 마련해 거기서 스쿼트를 천천히 연속해서 하라.

사무실 세균을 피하라

사무실은 실제로 세균 배양 용기처럼 균으로 가득 찰 수 있다. 감기나 독감 시즌에 항상 그렇고, 직장 동료가 아픈데도 병가 사용을 거부할 때는 특히 그렇다(그는 정말로 집에 있어야 한다).

1) 독감 주사를 맞아라.

2) 손을 잘 씻고, 손 소독제를 단짝 삼아 자주 사용하라.

3) 눈, 코, 입 또는 얼굴의 다른 어떤 곳도 만지지 않도록 노력하라.

4) 동료와의 가까운 접촉을 피하라.

5) 자신을 아주 잘 보살펴라. 잘 먹고, 잘 자고, 스트레스는 잘 풀어주고, 물은 늘 충분히 마셔라. 비타민 C도 잘 챙겨 먹어라.

시력을 지켜라

한 번에 두 시간 이상 컴퓨터 스크린을 집중적으로 쳐다볼 때 생기는 눈의 피로를 컴퓨터시각증후군이라고 하는데, 상당한 고통을 수반하는 증후군이다. 증상으로는 흐릿한 시야, 한 물체가 둘로 겹쳐서 보이는 복시, 안구 염증, 두통 등이 있다. 익숙하게 들리는가?

컴퓨터시각증후군은 불가피한 것이 아니다! 이 증후군을 예방하는 방법들이 있다.

- 적절한 스크린 밝기를 사용하라. 너무 약하지도, 너무 세지도 않게.

- 컴퓨터 스크린의 위치를 바르게 조정해서 컴퓨터 섬광을 최소화하라. 그래도 소용없으면, 눈부심 방지 필터를 사라.

- 컴퓨터를 이상적인 높이에 두어라. 똑바로 앞을 보았을 때, 당신의 시선이 모니터 위쪽 모서리와 일직선이 되어야 한다.

- 눈을 자주 깜빡거리도록 노력하라. 그러면 안구 건조를 예방할 수 있다.

- 눈을 쉬게 하라. 컴퓨터를 연속적으로 사용할 때, 두 시간 단위로 15분씩 휴식을 취하라.

최고의 소음 방지 헤드폰에 투자하라

소음이 있는 방에서 일한다면, 소음 방지 헤드폰은 거의 필수다. 동료가 끊임없이 길게 늘어놓는 연애사를 헤드폰으로 조용히 묻어버리려 한다면, 다음과 같은 요소들을 고려하라.

차이를 알라

소음 방지 헤드폰과 소음 차단 헤드폰은 다르다. 소음 방지 헤드폰은 주위의 소리를 없애는 기술을 사용한다. 반면, 소음 차단 헤드폰은 귀 주변에 방어벽을 만들어 소리를 물리적으로 막는다(후자가 보통 조금 더 저렴하기는 하지만, 전자보다 효과가 조금 덜하고 사용하기에 조금 더 불편하다는 단점이 있다).

소리를 테스트하라

로큰롤, 팟캐스트, 저음이 많이 들어간 힙합 등 여러 소리를 들으면서 헤드폰을 테스트하라. 조용할 때 들어라. 테스트할 때는 주변 사람들에게 마치 사무실에 있는 것처럼 말하며 소음을 내달라고 부탁하라.

편안함의 정도를 고려하라

소음 방지 헤드폰은 무겁고 큼지막할 수 있다. 그러니 구매 전에 꼭 착용해보라! 빈번히 헤드폰에 손이 갈 확률이 높고, 한 번에 몇 시간 동안이라도 착용할 가능성이 있기에, 착용감 정도를 가늠할 수 있을 만큼 충분한 시간을 두고 착용해보라.

투자한 것을 보호하라

좋은 것은 종종 비싸지만, 때로는 생산성을 가격으로 판단할 수는 없다. 거금을 들였다면, 헤드폰에 제품 보증서가 있는지 확인하라.

타임아웃을 가져라

근무시간 중 규칙적으로 휴식을 가지면, 효율성은 더 높아지고, 집중력은 늘어나며, 행복감도 더 커질 수 있다. 생산성을 최적화하도록, 1시간 30분마다 당신의 책상에서 벗어나라(적어도 하루에 두 번 정도는 사무실 밖으로 나가 신선한 공기를 마시고 햇살을 즐김으로, 비타민 D 결핍증을 피하라).

수분을 계속 섭취하라

직장에서 물을 적어도 하루에 5컵 이상 마셔라. 하지만 그렇게 하기는 쉽지 않기에, 충분한 물을 섭취할 수 있도록 도와주는 단계들을 여기 적었다.

1) 책상에 큰 물병을 두어라.

2) 매일 아침 사무실에 도착하면, 그 물병을 꽉 채워라.

3) 얼음과 천연향을 추가하여 손이 자주 가게 하라.

4) 탄산수로 마셔도 된다.

5) 근무일마다 5컵씩 마셔라. 8컵을 마신다면 보너스 포인트 추가.

5

사무실 문화

비즈니스 캐주얼 정의하기

비즈니스 캐주얼은 정말 애매한 드레스 코드다. 전통적으로 비즈니스 캐주얼은 카키색 하의, 카라가 있는 셔츠, 스포츠 코트, 블라우스, 원피스 등을 지칭했다. 하지만 그 드레스 코드는 청바지가 직장에서 부적절한 복장이었던 시대의 이야기다.

● 요즘 비즈니스 캐주얼은 사무실마다 매우 다르다. 그러므로 1~2주 정도는 직장생활을 해보아야 그 직장에서의 비즈니스 캐주얼의 의미가 명확해질 것이다.

● 의미가 정확해질 때까지는, 깨끗하고 빳빳한 셔츠, 검은색 또는 진한 색상의 바지를 입어라. 여기에 맵시 좋은 구두를 신으면 무난할 것이다.

● 어떤 복장이 근무지에 적절한지에 대해 확신이 서지 않는다면, 자신에게 이렇게 질문해보라. 그 옷을 입고 외부 회의에 참석했을 때 스스로 회사를 긍정적으로 대표하는 사람이라고 느낄 수 있는가? 의구심이 들 때는, 오류를 범하더라도 격식 차리는 쪽을 택하는 편이 낫다. 지나치게 차려입었다고 해서 기회를 잃은 사람은 아무도 없기 때문이다.

직장 파티에서는 어떻게 행동할까

직장 파티는 지뢰밭같이 무수한 기회를 제공한다. 그것이 좋은 기회든 나쁜 기회든 말이다. 직장 동료들이 옷을 차려 입고 술과 음식을 즐기고 있을지라도, 직장 파티는 일의 연장이라는 것을 기억하는 것이 중요하다. 술에서 깨어 정신이 들었을 때, 회사를 그만두어야 할지 말지 고민하지 않게끔 도와주는 몇 가지 팁이 있다.

가라

직장 파티에 참석하지 않으면 다른 사람들에게 잘못된 메시지를 줄 수 있다. 동료들이 당신을 알 수 있는 기회를 주어라. 처음 만난 직장 동료이든 무언가에 관해 이야기 나누던 동료이든 만나 대화하라. 단 엑셀 스프레드시트 따위의 시시한 이야기는 하지 마라.

네트워크를 확장하라

직장 파티를 동료들과 교류할 좋은 기회로 삼아라. 직장 파티에서는 행사 때 말고는 교류할 수 없는 회사 사람들이나, 관리자와 경영진같이 고위직에 있는 사람도 만날 수 있다.

한계를 넘지 말고 마셔라

직장 파티가 지루할 수 있다. 하지만 지루하지 않기 위해 어떤 행동을 당신이 한다 치자. 그런데 그 행동으로 인해 회사에서 낯부끄러워질 가능성이 있다면, 차라리 지루해하는 편이 낫다. 여유를 가져라. 하지만 할 말들을 점검해 기지를 발휘할 준비를 갖추고, 침착하라.

은근한 비판과 싸움을 피하라

대화할 때는 가볍고 재미있게 하라. 언쟁으로 인해 다음 직장 행사 때까지 다시는 말도 섞지 않을 그런 어색한 행동은 피하라.

회사문화에 맞추기

공평하든 아니든, '회사문화와 얼마나 잘 맞는가'가 직장에서 앞서가는 데 큰 역할을 한다. 당신의 가치와 흥미, 스타일이 동료들과 얼마나 잘 맞는가도, 때로는 다른 요소보다 직장에서의 성공에 더 큰 영향을 미친다. 사무실 분위기가 낯설게 느껴지면, 어떻게 해야 할까? 아래의 글을 읽기 전에 먼저 자신에게 질문하라. 회사 문화가 노력을 해서라도 얻고 싶은 그 무엇인가? 아니라면, 다른 곳에서 새로운 기회를 찾아라.

딜 브레이커(감당할 수 없는 조건)를 식별하라

아마도 퇴근시간 후 메일에 답장을 쓰는 것은 별로 대수롭지 않아도 동료들과 한 주에 몇 번이고 밖에서 어울리는 것은 힘든 일일 수 있다. 절대로 감당할 수 없는 것들이 무엇인지를 판단하고 선을 그어라. 그런 후에 당신이 노력해서 진전시키고 싶은 분야들을 식별하라.

노력하라

개를 좋아하는 사람이라 하더라도 고양이를 좋아하는 사람들로 가득 찬 사무실에서, 그들과 충분히 좋은 관계를 유지할 수 있다. 동료들과 잘 어울리고, 동료들을 친절히 대하며, 회사 행사에 충분히 자주 참석해서 가까이 하기 힘든 사람처럼 보이지 않도록 노력하라.

당신 자신이 되어라

결국 당신에게 가장 중요한 상대이자 유일한 가치는 당신 자신이다. 의식적으로 회사문화에 맞추는 것이 생산적인 결과를 가져올 수는 있으나, 현재의 자기 모습을 잃지 않는 한에서만 그렇게 하라.

직장에서 선물 주기

생일이나 결혼 등의 행사를 기념할 때, 손카드를 써주면 받는 이가 사려 깊고 고맙게 여길 수 있지만, 직장에서의 선물은 결코 필수가 아니다. 그래도 동료들을 위해 선물을 준비하기로 했다면, 상사에게 줄 선물만 구매하는 것은 어떨지 생각해보라(그 이상을 하고 싶으면, 당신 팀 모두에게 하거나 선물을 아예 비밀에 부쳐, 그 누구도 따돌림당하고 있다는 느낌을 받지 않도록 분명히 하라). 그런데 상사를 위한 선물을 선택할 때에는, 염두에 두어야 할 사항이 몇 가지 있다.

● 중립을 지켜라. 손뜨개질한 목도리같이 너무 개인적인 것은 선물하지 마라. 좋아하는 책이나 와인, 멋진 화장용 비누나, 근처 커피숍 기프트 카드같이 사려 깊은 선물로 여겨질 만한 무언가를 선택하라.

● 너무 많은 돈을 쓰지 마라. 고가의 선물은 상사를 불편하게 만들 수 있다.

● 가능하다면, 선물 영수증을 동봉하라. 그렇게 하면, 그 선물이 마음에 들지 않을 경우, 당신 기분이 상하지 않게 상사 스스로 환불 또는 교환할 수 있으므로, 선물 영수증 동봉은 사려 깊은 행동이다.

● 답례로 선물 받기를 기대하지 마라. 선물 교환이 쌍방향으로 이루어지지 않았다면, 그것은 상사가 선물을 주고받는 의식에 별로 관심이 없다는 의미이거나, 다음에는 손카드가 더 나은 선택이라는 의미일 수 있다.

사무실 1등 디제이가 되어라

사무실 음악 선곡표를 만들 수 있게 되었다면, 우선 당신에게 부여된 그 권리에 대해 감사하라. 그러고 나서 동료들을 실망시키지 않으면서도 또한 속으로라도 그들을 미쳐버리지 않게 할 음악들을 골라라.

안전빵 음악들

90년대 리듬앤블루스
모타운(1960년대를 풍미한 흑인음악의 산실로, 마이클 잭슨이나 다이애나 로스처럼 전설로 내려오는 흑인 팝 가수들을 배출한 음반회사)
(신나는) 인디
탑 40
레게음악
클래식 락

호불호가 갈리는 음악들(이 음악을 틀 때에는 주의를 기울여라)

아주 슬픈 이모(감정 표현에 집중한 락 음악)
적막한 분위기의 곡들
헤비메탈
욕으로 가득 찬 랩
일렉트로닉 댄스 뮤직(EDM)
컨템포러리 컨트리

공짜 술은 적당히 마셔라

어떤 회사는 공짜로 술을 제공하기도 한다. 직장에서는 직원들을 위해 버번 병(bottle of bourbon)을 별도로 보관할 수도 있고, 맥주를 냉장고에 비치할 수도 있고, 주류를 시원하게 하는 예거마이스터 샷마이스터(Jägermeister Shotmeister) 기계를 비치할 수도 있다.

● 공짜 술이 근무시간 이후에 제공된 것이라면, 그리고 그 술을 당신이 사 온 것이 아니고 직장에서 제공한 것이라면, 아무쪼록 마셔라. 하지만 취하지 않게 조심하라. 취기가 올라오는가? 그것은 괜찮다. 하지만 취했는가? 그러면 절대 안 된다.

● 회사문화에 따라 그리고 음식 제공 여부에 따라, 사무실에서의 음주 문제는 복잡해질 수 있다. 단, 직장은 해가 진 이후에도 절대 주점은 되지 않는다는 사실을 명심하라.

사무실에서 공동 내기하기

미국 사무실에서는 수퍼볼 경기나, 오스카 시상식 또는 마치 매드니스 대회(March Madnes, 미국 최대의 남자 대학 농구 챔피언십)에서 누가 이길지를 맞히는 내기를 하곤 한다. 그런 내기는 보통 인기가 있지만, 그것이 적법한지는 분명하지 않다. 공짜 음식이나 회사 기념품을 따내기 위해 하는 가벼운 내기는 문젯거리가 되지 않지만, 돈을 걸고 하는 내기일 경우 문제가 될 수 있다. 문제를 일으키지 않으면서도 사무실 공동 내기를 진행하는 방법을 몇 가지 적어보았다.

1) 우선 인사과에 문의해서 어떤 종류의 내기도 금지하는 사내규정이 있는지 확인하라.

2) 내기 금액과 게임에 참가하기 위해 내야 하는 금액을 낮게 유지하라. 몇천 원에서 만 원 안팎 정도면 괜찮을 것이다.

3) 토너먼트 대진표나 표 형식의 내기표를 이용해서 간단하게 규칙을 세워라.

4) 모두 각자가 선택한 것을 깔끔하게, 그리고 비밀리에 스프레드시트에 기록하라.

5) 당신이 내기를 관리한다고 해서 자신에게 수당을 지급하지는 마라. 내기에서 수익을 내는 것이 불법이기도 하지만, 그렇게 하면 인색해 보일 수 있다.

직장에서 정치에 관해 이야기하기
(또는 이야기하지 않기)

요즘 세상 돌아가는 것을 볼 때, 정치적 토론을 피하기는 무척 어렵다. 그런 토론은 흔히 한번 시작되면 열띤 논쟁으로 치닫는다. 직장에서 동료들과 많은 시간을 보내다 보면 그런 격렬한 논쟁에 휘말릴 수 있다. 친구들과는, 정치적 견해가 달라 큰소리로 싸우기는 해도 그럴 만한 가치가 있다고 느낀다.

- 하지만 직장에서 반대 견해들을 탐색할 때는 조금 가볍게 접근할 필요가 있다. 어떤 동료와 상반된 견해를 가지고 있을 때는, 그 의견 불일치를 동료의 입지를 이해하는 기회로 삼아라. 당신이 동료의 생각을 바꿀 가능성은 거의 없다.

- 사무실이나 퇴근 후 가는 술집도 그런 시도를 할 좋은 장소가 아니다.

- '우리가 서로 동의하지 않기를 동의해야 할 것이다'라는 말은 이러한 순간을 위해 만들어졌다. 공손히 그 사람의 말을 듣고 나서 흘려버려라.

화장실 공유하기
(조금 더 정확히 말하자면, 직장에서 용변 보는 방법)

자, 이제 모두가 알고 싶지만 아무도 내놓고 이야기하고 싶어 하지 않는 주제를 다루어보자. 바로 직장에서 용변을 보고 냄새를 감추는 일이다. 용변 냄새는 공동 화장실을 이용하는 모든 이에게 불쾌감을 줄 수 있다. 다음에 나오는 몇몇 간단한 규칙을 따름으로써, 고상함을 유지하라.

예의 바르게 물 내리기

타이밍을 잘 맞추어(일을 본 후) 즉시 물을 내리면, 냄새가 퍼지는 것을 방지해 불쾌한 냄새를 최소화할 수 있다. 더 향상된 기량은, 일을 보는 동시에 물을 내리는 것이다(나는 이 후자의 방법을 예의 바르게 물 내리기 제2편이라 부르고 싶다).

거품 가득한 세면대

단칸 화장실이라면, 용변을 보기 전에 세면대에 거품 비누를 뿌리고 물을 내려라. 이렇게 하면 비누 냄새가 화장실에 퍼져 원하지 않는 냄새를 감출 수 있을 것이다.

변기 내 향기 장벽

화장실 방향제로 특별히 제조된 스프레이나 에센셜 오일을 뿌리면, 변기 물 위에 둥둥 떠 향기 장벽이 생길 것이다. 용변을 보기 전에 변기에 몇 방울 떨어뜨리거나 스프레이로 몇 번 뿌려라.

성냥은 집에 두어라

성냥으로 냄새를 잡으려다 화재경보기를 작동시킬 수도 있다. 화재 경보기까지 울릴 필요는 없다.

6

직장에서의 관계들

직장 친구 만들기

사무실에서 친구를 만들면 이미 좋은 직장을 더 훌륭한 직장으로 바꿀 수 있다. 하지만 이런 관계를 쌓기 위해서는 시간이 조금 걸리고 약간의 전략도 필요하다.

1) 먼저 행동하라. 거두절미하고, 먼저 자신을 소개하라.

2) 긍정적인 태도를 보이고, 도움을 주어라. 신뢰할 만한 동료로서의 자신을 세워나가라(97쪽 참고).

3) 공통점을 찾아라. 미래의 당신 친구가 좋아하는 것 또는 싫어하는 것에 관해 주의를 기울여라. 공유하는 유사점이 있으면 언급하라.

4) 시간을 들여라. 우정은 종종 천천히 쌓여나간다. 그러므로 새로 사귀는 친구를 너무 많은 관심으로 압도해버리지 마라.

5) 사무실 밖에서 모임을 해라. 커피를 마시거나, 점심을 먹으며 또는 술 한잔 하면서, 직장 밖 당신의 개인적 삶에 관해, 그리고 직장에서 서로를 어떻게 도울 수 있는지를 이야기하라.

당신의 '실제' 친구들과 일하기

취업 기회는 많은 경우 직원들의 개인 인맥을 통해 연결되므로, 좋은 친구끼리 같은 사무실에서 일하는 경우가 종종 있다. 좋은 친구끼리 같이 일하는 것은 즐거운 일이기도 하지만, 복잡한 일이기도 하다.

1) 친구를 회사에 추천할 때에는, 잠재력을 보고 추천하라. 다시 말해, 당신이 직접 그가 훌륭하게 일을 하는 모습을 보고, 그가 회사의 전문적 자산이 될 만한 잠재력이 있다고 판단한 경우에만 추천하라. 어떤 사람을 정말 끝내주는 친구로 만드는 자질이나 성격이, 똑같은 사람을 훌륭한 동료로 만들지는 않는다. 예를 들어, 친구가 자연스럽게 웃기고 익살스러워서 좋다고 여길 수 있으나 회사에서는 그런 성격을 가진 동료와 일하는 것이 수월하지 않을 수 있다.

2) 미리 어느 정도의 선을 그어라. 친구와 일을 시작하기 전에, 사적 관계와 직업적 관계 사이에 어느 정도의 거리를 유지할지 계획을 세워라. 직장 밖에서의 사소한 의견 차이를 사무실 안으로까지 들고 와서는 안 된다.

3) 서로 다른 직업적 정체성을 세워나가라. 친구와 '사무실 절친'으로 붙어다니는 것을 피하라. 동료들이 당신과 친구를 하나로, 그리고 똑같이 보는 것은 해로울 수 있다. 두 사람은 직장에서 서로 다른 삶을 가질 확률이 높고, 그래도 괜찮다. 직장에서 다른 삶을 영위하는 것이 두 사람 사이의 우정 전선에 이상이 생겼다는 것을 뜻하지는 않는다. 오히려 직업적으로 성장했다는 것을 보여준다.

믿음직한 동료가 되어라

동료들의 신임을 얻는 것은 시간이 오래 걸리는 게임이자 이길 가치가 있는 게임이다. 신중한 사람이 될 뿐만 아니라 사려 깊고 능동적인 경청자가 되어라. 당신이 비밀을 나눌 수 있는 믿을 만한 친구라는 것을 동료들에게 증명하라. 당신이 들은 것은 그 정보가 동료나 회사, 다른 동료에게 누가 될 가능성이 없는 한, 사무실 그 어떤 다른 사람과도 공유하지 마라. 짧게 말해, 비밀을 지켜라. 그리고 뒷말하지 마라.

멘토를 찾는 법

훌륭한 직장 멘토가 있으면, 그분은 당신에게 귀중한 지혜와 경험을 전해줄 수 있고, 당신 커리어를 발전시킬 수 있도록 새로운 기회의 문을 열어줄 수도 있다. 하지만 어떻게 그런 멘토를 발견하고, 발견한다 해도 어떻게 그 멘토에게 당신을 그분의 날개 아래로 품어달라고 설득할 수 있을까?

1) 멘토로 삼을 만한 사람들에 대해 알아보라. 사무실에서 당신이 진짜 동경하는 사람은 누구인가? 이상적인 멘토는 직업윤리가 있고, 당신이 열망하는 자리에 있는 사람이다.

2) 부서 밖에서도 찾아보라. 멘토로부터 영감을 받기 위해서는, 그분이 꼭 당신과 같은 영토에 있지 않아도 된다. 전문 분야 이외의 분야에서 존경받는 전문가들은 당신에게 오히려 신선한 관점을 제공해줄 수 있다.

3) 다가가서 안부를 물어보라. 장담하건대, 아부는 통한다. 그분의 직업윤리와 커리어를 존경하고, 같이 만나서 그분으로부터 배우고 싶다고 메일을 써라. 그리고 그 만남의 기회를 최대한 활용하라. 만나 뵐 때, 그분의 경험에 기반을 두어 구체적으로 질문하라. 그렇게 하면, 당신은 그분에게서 직접적이고 유용한 정보를 얻을 수 있고, 그분은 당신이 그분에 관한 연구를 미리 했다는 사실에 우쭐해할 것이다.

4) 미래에 멘토로 삼고 싶은 분을 편안하게 만들어라. 만나 뵐 때는, 사려 깊게 행동하고, 감사를 표현하며, 시간을 잘 지켜라.

직장에서 사랑에 빠지기

자, 이제 한번 잘못 건드리면 큰일 나는 벌집과도 같은 주제를 다루겠다. 동료들과 캐주얼하게 잠자리를 하는 것은 악몽과 같은 생각이다. 그렇게 하면, 당신의 직장은 혼돈의 도가니가 될 수 있고, 직업적 평판과 일자리가 동시에 위험에 빠질 수 있다.

● 하지만 그런 가벼운 만남이 아니라, 동료와 사랑에 빠지는 것은 어떠한가? 음, 그런 감정에 빠질 때는, 정말 둘 사이에 특별한 무언가가 있어서 그럴 수도 있다. 둘은 비슷한 일, 공통적인 것, 이야기할 것을 많이 가지고 있다. 적어도 일에 관해서는 말이다.

● 우리가 할 수 있는 최선의 충고는 이것이다. 사내 연애는 천천히 진행하라. 자, 이 충고를 반복해 말해보라. 그 사람과는 직장 밖에서 정신적인 사랑을 나누고, 그 사람을 당신의 친구들에게도 두루두루 소개하라. 가장 중요한 것은 많이 고민하고 결정하라는 것이다. 사내 연애가 당신이 대부분의 시간을 보내는 직장에서의 조화를 깨뜨릴 수도 있다는 것을 염두에 두면서.

● 동료와 사내 연애 관계에 뛰어들고자 할 때는, 몇 가지를 자신에게 질문해보라. 그 연애 관계에 마음을 쏟아붓는 자신의 모습을 분명히 상상하며 필요하다면 현재의 일자리를 떠나는 모습까지도 마음에 그릴 수 있는가? 상황에 따라서는, 관계가 심각해지면 회사를 떠나야 할 수도 있다. 예를 들어, 파트너가 당신의 상사일 때는 특히 그렇다.

원하지 않는 로맨틱한 관심 피하기

동료에게 원하지 않는 관심을 받는 것은 완전 별개의 문제이자 심각히 다루어야 할 문제다. 다음에 나오는 첫 세 단계는 당신에게 관심 가진 상대가 캐주얼하게 접근할 때 적용된다. 상대가 이보다 더 심각하게 나온다면, 당장 네 번째 단계로 넘어가라.

1) 모든 칭찬과 치근덕거림을 쿨하게 받아 쳐냄으로써, 혼란스럽게 여러 가지로 해석될 수 있는 신호가 될 가능성을 애초에 없애버려라.

2) 일 중심의 주제만 논하라. 직장 밖에서 하는 사교 모임에 와달라는 요청은 모두 거절하라.

3) 앞에서 이야기한 단계들이 통하지 않으면, 그 상황과 정면으로 부딪쳐라. 당신은 그 사람과의 직장 관계를 중히 여기지만, 그 이상의 어떤 것에도 관심 없다고 말하라.

4) 당신이 괴롭힘을 당하고 있다고 느끼면, 상사나 인사과에, 아니면 둘 다에 보고하라. 그들은 그 문제를 이미 확립된 절차들을 통해 처리해서, 당신을 힘들게 만드는 상대방이 행동을 즉시 중단하도록 도와줄 것이다.

7

쿨함을 유지하고
체면 세우기

경계선 긋기

당신의 업무량은 어항 속 금붕어와 같다. 업무량도 금붕어처럼 자라 주어진 공간을 채울 것이다. 당신이 직면하게 될 사무실 직장문화 가운데, 협상 불가능한 기대치가 있을 수 있다. 협상 불가능한 기대치의 예로는, 가끔 퇴근 후나 주말에 일할 수도 있다는 것, 또는 늘 전화기를 가까운 곳에 두어서 언제든 연락이 닿을 수 있어야 한다는 것을 들 수 있다. 새로운 직장에 근무하게 될 때마다 경계선을 만드는 기간이 조금씩은 있다. 경계선을 만드는 것은 정말 가치 있는 일이다.

- 회사에서 당신을 절대적으로 필요로 할 때는 늦게까지 남아라. 하지만 그렇지 않으면 정시에 퇴근하라. 정해진 근무시간 동안에는 우등생이 되어라. 집에 가서는 긴장을 풀고 푹 쉬어라.

- 중요 메일은 항상 받는 즉시 회신하라. 하지만 급하지 않은 메일에 항상 회신하지는 마라. 그런 메일은 평범한 근무날을 위해 모아두어라. 하루 24시간 일주일 내내 대기 중은 아니라는 점을 당신의 동료들이 알아야 한다.

- 당신의 주말과 동료들의 주말을 보호하라. 밀린 메일을 확인하는 데 토요일 오전을 허비하지 마라. 그렇게 하면, 동료들도 스트레스를 받을 수 있고, 당신은 항상 일하고 있다는 잘못된 신호를 보내게 되는 셈이다.

직장에서 언쟁하는 방법

직장에서 별로 좋지 않은 모양새로는 어떤 것이 있을까? 사무실에서 지지 않으려 고래고래 소리 지르며 싸우는 모습이 여기에 해당할 것이다. 반대 의견이 있을 때, 당신이 언성을 높이지 않고도 이기는 방법을 소개한다.

1) 다른 사람의 관점을 이해하라.

2) 소리 지르거나, 욕하지 말고, 어떤 별명도 부르지 마라.

3) 아이디어를 공격하되 사람을 공격하지 마라.

4) 탄탄한 증거를 많이 사용하라.

5) 당신이 어떻게 느끼는지 설명하라.

6) 언제 물러설지를 알아라.

내려 보듯 무시하는 동료 다루기

동료가 내려 보듯 무시하면 화가 치밀 수 있다. 내려 보듯 무시하는 것과 앙갚음이 결합하면, 사무실에서의 감정 폭발은 한순간에 일어날 수 있다. 그런 적대적인 행동을 순화시키는 방법에 대해 몇 가지 적어보았다.

먼저 동료가 진짜로 당신을 무시하는지 판단하라. 그 사람이 그냥 일반적으로 스트레스가 쌓여 화를 분출하는 것일 수도 있다. 판단이 확실하게 서지 않으면, 다음과 같은 사항들을 확인하라. 즉, 소리 지르기나 개인적인 모욕 또는 지나친 냉소가 존재하는가? 그런 사항들을 확인했으면, 당신은 몇 가지를 선택할 수 있다.

- 무시하라. 심호흡을 크게 하고 떨쳐버려라.

- '당신을 위해 기꺼이 내가 그 일을 해줄 수도 있지요. 내가 조금 더 이해할 수 있도록 정보를 조금만 더 나누어줄 수 있나요?'와 같이 차분히 말하며, 나쁜 기운을 다른 곳으로 돌려라.

- 그런 태도와 직접 대면하라. 당신을 무시하는 투로 말하는 것처럼 들린다고 당신의 동료에게 말하고, 문제의 진상을 규명하고 싶다고 말하라.

- 앞서 이야기한 방법들이 통하지 않는다면, 당신의 상사에게 이야기하라. 앞에서 말한 방법들을 모두 시도해보았지만 소용없었다고 말하고, 당신과 그 동료 간의 대화를 중재해달라고 부탁하라.

게으른 동료가 당신에게 자기 일을 떠넘기지 않도록 하라

자, 이제 주변에 있는 제일 골치 아픈 동료에 관해 이야기하자. 즉, 교묘하게 자기 일을 당신이 하게끔 만드는 그런 종류 말이다. 이 상황은 정말 짜증 난다! 하지만 먼저 확인할 목록이 있다.

1) 당신이 부탁받은 일이 실제 당신의 일은 아닌가?

2) 기분을 상하게 한 그 동료가 눈에 띄도록 산더미 같은 일에 파묻혀 있는가?

3) 당신은 직장에서 여유 시간이 많이 있는가?

이 세 가지 질문에 '아니요'라고 답했는가? 좋다, 그럼 전략을 세워보자.

1) 동료와 얼굴을 마주 보면서, 그 문제를 해결하려 하라. 그에게 잘 지내고 있는지 물어보라. 그가 정말 어려운 상황에 놓여 있다면, 일을 분산해 끝낼 방법을 생각할 수 있도록 도와주어라.

2) 그 사람의 요구 사항이 부적절하면, 정중히 거절하는 것은 전혀 문제되지 않는다. 당신에게는 이미 우선순위로 처리할 일들이 한가득 있다고 설명하라.

3) 그 방법이 통하지 않으면, 상사에게 말씀드려 확인하라. 상사에게 일과 관련한 당신의 상황을 솔직히 이야기하는 것은 동료를 고자질하는 것과는 다르다. 상황을 잘 설명하고, 당신의 에너지를 그 사람이 부탁한 새로운 일로 전환해도 되는지 물어보라. 상사는 아마 안 된다고 대답할 것이다.

엄청난 실수를 저질렀다.
자, 이제 어떻게 하지?

당신이 엄청난 실수를 저질렀고 그 상황을 해결할 수 없다면, 침착함을 유지하고, 당신의 상사를 재빨리 찾아라. 그리고 무엇이 잘못되었는지 완전히 솔직하고 명백하게 말씀드려라.

1) 설명하라. 실수가 어떻게 발생했는지, 그리고 당신이 그것을 고치려고 어떤 전략을 세웠는지를. 그러고 나서 어떻게 조처해야 하는지에 대해 도움을 구하라.

2) 인정하라. 사과하고 모든 책임을 받아들여라. 그리고 방어적 태도를 보이거나 다른 사람을 비난하지 마라.

3) 극복하라. 회사 사람들에게는 이 일로부터 많이 깨달았고, 또다시 그런 일은 없을 것이라 말씀드리며 안심시켜라.

당신이 그 실수를 끌어안음으로써, 당신과 당신이 속한 팀은 분명 이 사안을 뒤로하고 앞으로 나아갈 수 있게 될 것이다.

전자 개인 정보 이해하기

직장 컴퓨터는 당신의 사유 재산이 아니다. 즉, 그 컴퓨터에서 하는 그 어떤 것도 사적으로 간주할 수 없다. 아무것도 안 된다!

- 회사와 상사는, 당신의 브라우저 방문 기록, 회사 메일, 그리고 회사에서 개통한 휴대전화가 있다면, 통화 기록과 문자 메시지까지도 접속할 권리가 있다. 업무용 메신저도 안전한 피난처는 되지 못한다. 회사 메신저에서 너무 솔직히 말을 하면 안 된다.

- 하지만 아직 패닉 상태에 빠지지는 마라. 전산 시스템 이용에 대한 감시는 산업마다 회사마다 다르다. 상사가 당신의 모든 메일을 읽고 있을 가능성도 거의 없다. 그렇지만 당신은 회사에서 감시하는 일이 진짜 일어나고 있는 듯 행동해야 한다.

- 사적이거나 민감하거나 스캔들성 대화들은 개인적으로 만나서 하거나 유선으로 하라. 회사가 제공한 휴대전화를 사용하기보다는, 자신의 휴대전화를 사용하라.

- 그리고 '아무도 보고 있지 않은 것처럼 춤을 추라'는 유명한 말과 반대로, 직장 인터넷을 쓸 때는 반드시 '모든 사람이 당신을 보고 있는 것'처럼 행동하라.

8

상사

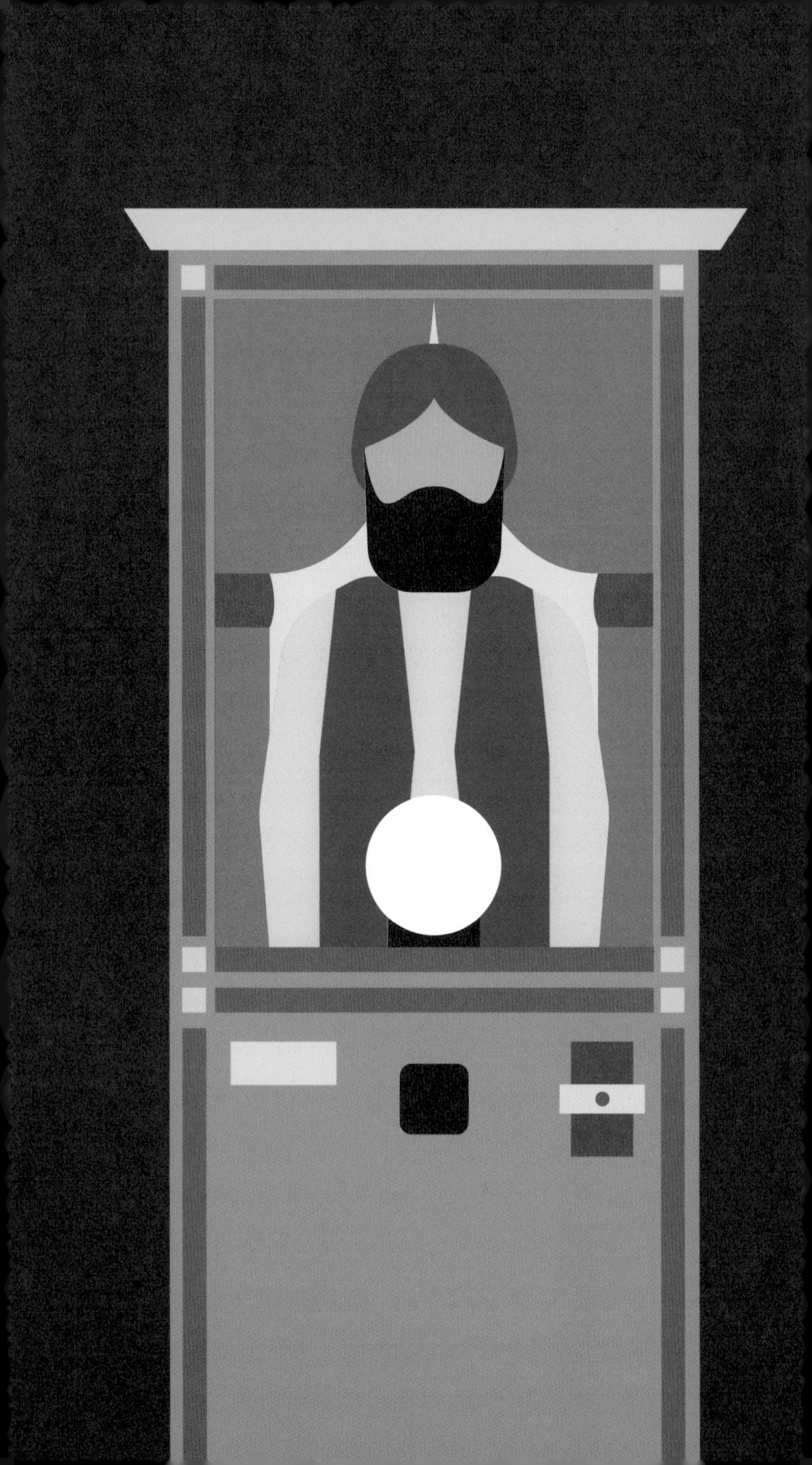

상사에 대한 진실

상사에 대해 잘 몰라도, 상사가 무엇을 반대하는지에 관한 지적 추론은 할 수 있다. 당신은 인내심 있고 사려 깊은 누군가를 위해, 그리고 당신의 임무를 자세히 설명해주고 지적 도전을 기대 하는 당신의 요구를 항상 우선 챙겨주는 그 누군가를 위해 일하기를 바란다. 하지만 보편적 진리는 이것이다. 일이란 정신없는 것이다. 마감 날짜 맞추느라 정신없고, 아마 짐작하겠지만, 팀 관리 또한 아주 정신없는 일일 수 있다. 그러므로 상사가 전문 직업의식이나 삶의 목표를 중요하게 여기는 등대 같은 리더가 아니라면, 다음을 고려하라.

● 당신의 상사는 안팎으로 압박받고 있다. 상사의 상사로부터 스트레스를 받고 있을 수 있다.

● 당신의 상사는 모든 것을 혼자 할 수 없다. 그리고 그렇게 하는 상사라면 너무 무시무시하지 않을까?

● 당신의 상사는 당신을 신뢰하고 싶다(정반대로 느껴지더라도, 그리고 당신이 사사건건 간섭받는다고 느껴질지 몰라도 그것은 사실이다).

● 당신의 상사는 아마도 당신이 하는 일이나 그것과 비슷한 일을 해본 적이 있다. 그도 위계질서를 거쳐 올라갔고, 당신이 그 자리에서 어떻게 느끼는지를 충분히 이해할 것이다.

● 당신의 상사는 당신에게 고마워한다. 그 고마움이 항상 적절히 표현되지 않는다고 할지라도.

● 당신의 상사는 위의 다섯 가지 중 그 어떤 것도 당신에게 이야기하지 않을 수 있다. 하지만 말하고 싶지 않아서 안 한 것이 아닐 수 있다.

없어서는 안 될 존재가 되어라

이 지당한 조언은 상사뿐만 아니라 팀 전체에 적용되는 것이다. 즉, 상사와 팀 전체에게 없어서는 안 될 존재가 되어라.

- 직장을 믿어라. 직장의 대의를 옹호하는 사람이 되어라.

- 팀 플레이어가 되어라. 당신들은 모두 함께 간다는 것을 인지하고, 공동 목표를 달성하기 위해 일하라.

- 적극적으로 상사의 일을 덜어주어라. 당신이 상사를 이해하고 있다는 것을 보여주어라.

- 필요할 때는 좀 더 도움을 제공하라. 그렇게 도와주는 것이 설령 불편할지라도.

- 문제를 푸는 사람이 되어라. 이슈가 생길 때마다 해결책을 제공하도록 노력하라.

- 새로운 기술을 배우고 공유하라. 전문 지식을 확장하고, 당신의 지식을 다른 이들과 공유하면, 더 가치 있는 직원이 될 것이다.

- 매사에 정직하라. 그러면 동료들이 의견을 구하려 할 것이다.

- 좋은 유머 감각을 유지하라. 특히 상황이 까다로워질 때도.

- 사람들이 의지할 수 있는 누군가가 되어라. 커피를 사러 나갈 때나, 심각한 대화를 할 때나.

상사와 의견을 달리하라

좋은 상사들은 함께 일하는 사람들의 의견을 가치 있게 생각한다. 제대로 연구해서 올바른 방식으로 제시하는 의견이라면 말이다. 상사와의 의견 불일치도 당신과 상사 모두에게 생산적일 경우가 있다. 하지만 그럴 때에도 몇 가지는 염두에 두어라.

1) 첫째, 신뢰를 쌓아라. 상사와 강한 친밀감을 쌓도록 시간과 공을 들여라. 당신과 상사의 관계가 상호 존중에 기반한 것이라면, 상사는 당신의 의견을 진지하게 받아들일 확률이 높다.

2) 다른 사람들 앞에서는, 예를 들어 고객 앞에서나 동료 앞에서는 절대 당신 상사의 의견을 반박하지 마라. 그렇게 하는 것은 불손함의 표시로 해석될 수 있고, 아마 그때 당신은 불손하게 행동하고 있었을 것이다.

3) 외교술을 써라. 다른 의견을 말할 때는, 당신 상사의 입장을 존중한다는 것을 분명히 말하라. 하지만 상사가 아직 고려하지 않았을 만한 점을 제기하고 싶다고 말하라.

4) 언제 물러나야 하는지 알아라. 의견을 피력한다고 해서, 당신이 상사의 마음을 바꿀 수 있는 것은 아니다.

5) 최종 결정을 존중하고 지지하라. 그것이 누구의 아이디어든 상관없다.

싫어하는 상사와 일하기

누군가를 좋아하는 것과 존중하는 것에는 차이가 있다. 당신의 책임자를 견딜 수 없는가? 그렇다 해도, 상사가 가진 전문 지식에 관심을 두면 그 사람을 존중할 수는 있다. 단, 한 사람이 당신의 훌륭한 직업적 커리어를 망치도록 놔두지는 마라.

● 당신의 일을 끊임없이 열심히 하라. 탁월하게 일하라. 그러면 회사의 다른 고위급들의 주목을 받을 수도 있다.

● 당신의 상사를 친절로 죽여라(상대의 모욕적인 언행을 그대로 되받아치지 않고, 오히려 친절로 대해 상대를 불편하게 만들어라). 그렇게 하기 위해서 심지어 모든 감정을 제어하고 로보트 모드로 돌입해야 할지라도 친절하게 대하라.

● 자신에게 정직하라. 상사로 하여금 나쁜 행동을 부추기는 일을 조금이라도 하고 있지는 않은가? 그렇다면 고쳐라.

● 기록하라. 상사가 완전 비합리적이라면, 상사의 메일들과 무례한 언행을 적은 일지를 보관하라. 그렇게 하면, 어떤 행동을 취해야 할 상황이 왔을 때 당신에게는 부당한 대우를 받아왔다는 증거가 있다.

● 당신의 승리를 자축하라! 허접한 상사가 당신이 달성해온 것에 대한 좋은 감정을 방해하도록 내버려두지 마라.

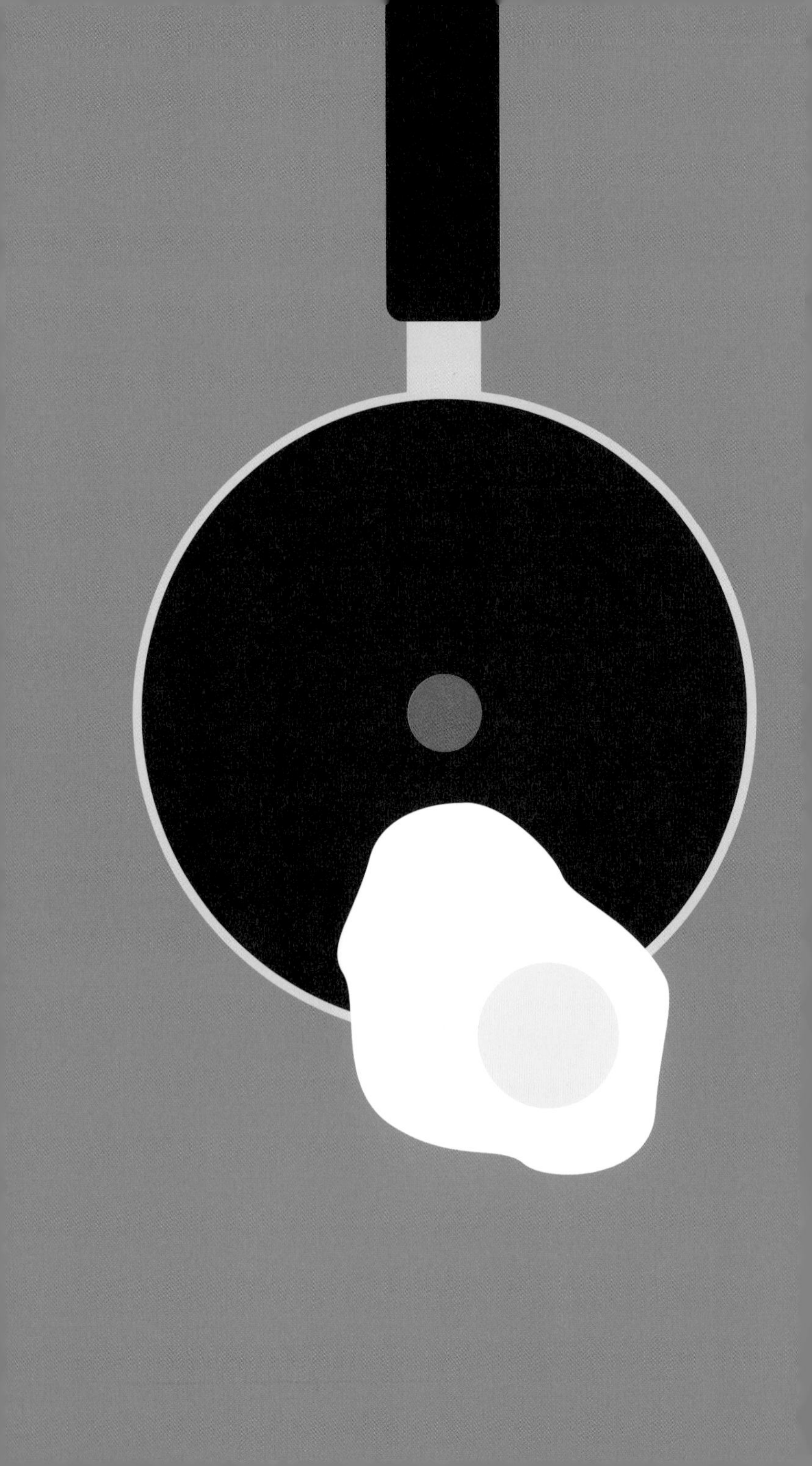

테플론 프라이팬으로부터 받는 교훈

테플론이라는 물질은 요리할 때 프라이팬에 음식이 들러붙지 않도록 예방하는 코팅제이다. '당신의 상사가 쓸데없는 말을 하는 것'을 들었을 때는, 테플론 프라이팬처럼 불소수지 코팅 덮개로 당신 자신을 보호하라. 상사의 좌절은 가시 돋친 말이나 반모욕적 언사로 표현될 수 있다. 상사들은 보통 본인이 욱한 것을 잊는 특별한 재능도 가지고 있다. 아마 스스로 창피하기 때문일 것이다. 상사가 발끈하여 딱딱거리면 무시하고 넘어가라. 그런 안 좋은 순간들을 계속 짊어지고 있으면, 쓸데없는 감정 찌꺼기들이 당신에게 생길 것이다(그런 찌꺼기들은 어제 아침 타버린 팬케이크만도 못하다).

9

회의

불필요한 회의에서 벗어나라

어느 순간에나, 전 세계 사무실에서는 수백만 명의 사람들이 무의미한 회의를 하고 있다. 메일 하나로 해결될 수 있었을 법한 일인데도 말이다. 이제는 불필요한 회의 요청을 거부할 시간이다.

- 가겠다고 약속하지 않은 회의가 어떤 것에 관한 것인지 모를 때, 기계적으로 회의 참석 요청에 수락하지 마라. 수락하기 전에 그 회의에서 당신의 역할이 무엇인지 물어보라.

- 의제를 물어보라. 사전에 통보된 의미 있는 의제들이라면 얼마나 많은 것이 회의에서 논의되어야 하는지, 그 범위와 깊이를 분명히 예시하고 있을 것이다.

- 당신이 그 회의에서 필요한 사람인지 잘 모르겠거나 불필요한 회의라고 판단되면, 당신의 시간을 더 생산적으로 사용할 수 있는 다른 방안을 제안하라. 예를 들면, '저는 오늘 이 리포트를 마치려고 하고 있습니다. 만약 제가 그 회의에 참석하는 것이 최선이라고 생각하지 않으신다면, 회의에 참석하는 대신 그 시간을 리포트 준비에 사용할 수 있을 것입니다'라고.

화상 콘퍼런스에서 처신하는 법

화상 콘퍼런스도 일반 회의와 똑같은 방식으로 대하라. 즉, 편안하게, 미리 잘 준비하여 말할 준비가 된 상태로 참석하라.

- 콘퍼런스 시작 전, 기술적 환경을 잘 파악하라. 카메라는 잘 작동하는지, 당신을 향해 카메라 방향이 잘 맞추어져 있는지 확인하라.

- 마이크로폰을 조절하면서, 당신의 말이 화상에서 상대방에게 잘 들릴 수 있도록 가깝게 앉아 있는지 확인하라.

- 조명 밝기는 적당한가? 빈 점심 도시락이나 다른 쓰레기들이 '화면에 들어와' 주위를 산만하게 만들고 있지는 않은가?

- 일단 당신이 화상 콘퍼런스에 연결되면, 분명하고 자연스럽게 말하고, 다른 참여자들과의 대화에 적극적으로 동참하라. 고개를 끄덕이거나 웃으면서 능동적으로 경청하고, 카메라를 똑바로 응시하면서 화상 대화에 참여하라.

장시간 회의를 할 때, 집중 상태를 유지하고 적극적으로 참여하라

절대 끝날 것 같지 않은 회의에서 졸지 않기 위해 손톱으로 손바닥을 꼬집은 적이 있는가? 장시간 회의는 짧은 회의보다 보통 생산적인 경우가 드물지만, 피할 수는 없다.

● 회의에 들어가기 전에 잠시 휴식하면서 카페인 보충도 하고 가볍게 먹어두라. 더 침착해질 것이다.

● 능동적으로 노트 필기를 하거나(25쪽 참고) 적극적으로 대화에 참여하라. 회의에 더 집중할 수 있게 될 것이다.

● 집중력이 떨어지는 것을 느끼면, 예의 바르게 회의실에서 나와 힘찬 발걸음으로 잠시 걸어보면 혈액 순환이 촉진된다(잠시 그 자리를 피하는 것이, 콘퍼런스 회의 중 기절하는 것보다 훨씬 덜 창피하다).

콘퍼런스장을 내 것으로 만들어라

리더가 되어라

준비된 상태로 오고, 대화의 방향을 잘 이끌어 콘퍼런스가 계속 효율적이고 들을 가치가 있도록 도와라.

의제를 수중에 가지고 있어라

다루고 싶은 구체적인 요점을 적은 목록을 가지고 있으면 대화를 진행하는 데 도움이 될 것이다.

편안하게 있어라

당신은 같은 목표를 공유하는 동료들과 함께 있다. 그러니 긴장하지 않아도 된다.

간결함을 유지하라

말을 하기 위한 말은 하지 마라. 계속 집중하고, 다른 사람들도 그렇게 하도록 도와라.

후속 작업을 하라

노트 필기를 자세히 하지 않았다 해도, 회의에서 건진 주요 요점들을 참석한 모두에게 메일로 보내라.

10

사무실 부재중:
휴가와 병가

휴가 신청하기

휴가를 신청할 때 최선의 전략은 자신만만하게 신청하는 것, 그리고 최대한 빨리 신청하는 것이다.

- 휴가 계획이 어느 정도 구체화되면, 상사에게 휴가를 내고 싶은 날짜들을 메일로 알려라.

- 그때, 당신이 도맡아 해왔던 임무를 당신이 없는 동안 누가 어떻게 처리할 것인지에 대한 상세한 계획을 적고, 또한 중요한 일을 미리 앞당겨 언제 마칠지를 알려주면 휴가를 문제없이 받을 수 있을 것이다.

- 휴가가 승인되면, 상사에게 그 휴가 날짜를 적은 일정을 메일을 보내라. 그렇게 하면, 당신이 마땅히 가야 하는 휴가 계획을 상사가 나중에도 기억할 수 있을 것이다.

JACKPOT
BAR
O O O
BAR

'사무실 부재중' 메시지 작성하기

부재중 메시지를 일에서 벗어난 기쁨에 젖어 시시콜콜한 것까지 기록하지 말기 바란다. 예를 들어, '나는 어느 열대 해변에 있습니다. 아마도 지금쯤 맥주를 마시고 있겠지요. 메일은 체크하고 있지 않습니다!'라며. 그렇다. 그렇게 쓰는 것이 하고자 하는 말의 요점은 전달할 수 있겠지만, 누가 그 메시지를 받게 될지 모르니 주의하자.

- 부재중 메시지를 작성할 때는 정중히 기본에 충실한 것이 최선이다. 당신은 책상에서 멀리 떨어져 있고, 정기적으로 메시지를 확인하고 있지 않으며, 돌아올 날짜는 언제인지, 부재중 누구에게 연락을 취해야 하는지 등의 기본 사항 말이다.

- 떠나기 전에 동료에게 미리 이야기해서, 그 사람의 연락처를 부재중 메시지에 포함하라(회사로 돌아오면 잊지 말고 부재중 메시지 설정을 해제하라).

휴가 중 일하는 (또는 일하지 않는) 방법

휴가 시 일과의 관계를 최대한 끊어야 한다는 의견을 열렬히 옹호한다.

- 부재중 당신의 사무를 맡아줄 믿을 만한 동료가 있으면, 그리고 휴가를 가는 주가 한가한 시기라면, 신경 쓰지 말고 일에 대해 뒤돌아보지 마라.

- 하지만 사무실에서의 업무가 조금 덜 안정된 경우, 회사에서 무슨 일이 일어나고 있는지도 모른 채 한 주를 보내는 것은 걱정스러울 수 있다. 이럴 때 휴가 중 일과 놀이 사이의 균형을 맞추는 좋은 방법이 있다. 와이파이를 사용할 수 있으면, 메일을 하루에 두 번씩, 아침에 한 번 저녁에 한 번 정해진 시간에만 확인하는 것이다. 그렇게 하면, 재미를 포기하지 않고서도 일이 어떻게 돌아가는지 알 수 있을 것이다.

CAFÉ

원격으로, 효율적으로 일하기

원격으로 일할 때 그곳이 비행기든 외국이든 또는 당신의 소파든 상관없이, 생산성을 극대화하기 위한 가장 좋은 방법은 지정된 근무 구역을 만드는 것이다.

- 엄격한 하루 시작 시각을 정하라. 부엌 식탁에서 진을 치든 커피숍에서 진을 치든, '진짜' 옷을 입어라(다시 말해, 잠옷 바지는 안 된다).

- 그리고 와이파이에 접속할 수 있는지, 전원 콘센트가 가까운 곳에 있는지 확인하라.

- 당신이 동료들과 다른 시간대에 일하고 있다면, 근무시간을 동료들의 근무시간과 최대한 맞추는 것을 고려하라(물론 지구 정반대쪽에 있다면, 그렇게 하는 것은 다소 무리일 수 있다).

AFTER VACATION
CATCH_UP

휴가 후 업무 따라잡기

휴가 후 직장 복귀 전날 밤은 스테로이드에 의존해야 할 일요일 밤 같은 우울감에 빠질 수 있다. 귀환 전략을 세워 걱정을 피하라(기억하라. 여행에서 돌아올 때 간식과 기념품을 사 오면, 동료들은 그 훌륭한 행동에 굉장히 고마워할 것이다).

1) 직장으로 돌아온 날은, 에너지 충전에 도움을 주는 아침 식사 또는 적어도 대용량 커피로 시작하라.

2) 사무실에 일찍 도착하라. 혼자만의 공간을 확보하면, 당신의 메일함을 빨리 정리할 수 있을 것이다.

3) 가장 먼저, 휴가동안 사무실에서 일어난 일들에 대해 동료들과 이야기 나누며 따라잡아라(Catch up). 즉시 주의를 기울여야 하는 일이 무엇인지 알아내라.

4) 해야 할 일의 목록을 만들어라. 우선순위인 일들을 따로 표시하라. 그러고 나서 그것들을 사려 깊게 그리고 완전히 처리하라.

5) 정시에 퇴근하라. 자신의 페이스를 조절하라. 일주일 분량의 일을 단 하루만에 따라잡을 수는 없다.

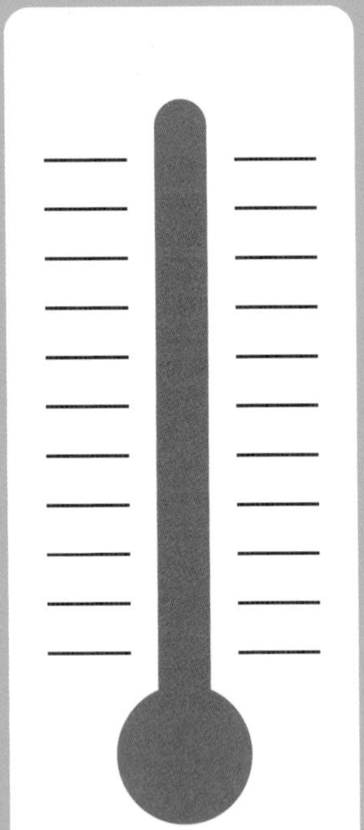

병가 내기

몸이 좋지 않아서 일하는 데 방해되거나, 동료들에게 피해줄 것 같으면, 반드시 집에 있어라. 병가를 낼 때, 아침 일찍 당신의 팀에 연락해서 아픈 것을 알리고, 집에서나 또는 동료의 도움으로 급한 업무의 마감을 맞출 계획안을 제시하라. 그러면 팀원들은 당신의 부재에 어떻게 전략적으로 대응할지 모색할 시간을 가질 수 있을 것이다. 더 나아가, 물이나 다른 음료를 많이 마시고, 많은 휴식을 취하며, 기운을 차려라.

11

곤란한 것들

직장에서 울기

직장에서 운다는 것은 그 자체로도 어색한 일이고, 분위기를 완전 흐리게 할 뿐만 아니라 직업적인 평판에도 해가 될 수 있다. 그러나 직장생활을 하다 보면 울 수밖에 없을 때도 있다. 그럴 때는 가능하다면 분별 있게 우는 것이 제일 나은 방법이라고 생각한다(공개적으로 흐느끼면, 특히 자주 그렇게 하면, 동료들은 불편해할 것이고, 당신은 전문 직업인답지 못한 사람으로 비칠 수 있다).

- 사적인 장소로 갈 때까지 울음을 참을 수 있도록 생각을 바꾸어라.

- 전화기나 랩톱 컴퓨터를 잡아 들어라. 후자가 더 낫기는 하다.

- 문을 잠글 수 있는 장소를 찾아라. 화장실은 검증된 아주 좋은 은신처다.

- 프라이버시를 확보했으면, 자신에게 회복할 시간을 주어라. 마음을 가다듬는 동안 메일에 답하면서 자신을 계속 바쁘게 만들어라.

- 필요하다면 하루 정도 쉬어라. 개인 휴가는 이런 이유로 존재하는 것이다. 평온을 다시 되찾을 수 없다면, 집에 가라. 그리고 다음 날 당당하게 복귀하라.

직장에서 애도하기
(당신이 누군가를 잃었을 때)

사랑하는 누군가를 잃는다는 것은 자신의 전 세계가 멈추는 것이고, 삶의 축이 바뀌는 일이다. 애도 중 직장으로의 복귀는 '극한의 어려움과 절대적으로 불가능한' 감정선 안에서 업무를 하는 것이다. 다음은 직장에서 애도하는 것에 관한 몇 가지 생각이다.

필요한 시간을 충분히 가져라

경조사 특별 휴가를 쓰고 나서도, 당신 자신을 살펴라. 옷을 입고 출근하는 것이 너무 힘들게 느껴지는가? 그러면 상사에게 솔직히 말하라. 상사는 아마도 며칠 더 재택근무를 할 수 있도록 기꺼이 허락해서 직장으로의 복귀를 잘할 수 있도록 배려해줄 것이다.

몇몇 사람에게 마음을 열어라

직장에 복귀할 때, 당신에게 생긴 일을 다 정리하고 오기를 기대하는 사람은 아무도 없을 것이다. 자신에게 친절히 대하고, 자신을 용서하라. 상사에게 솔직하며, 신뢰할 만한 동료들에게 마음을 열어라. 그들은 모두 당신을 위해 같이 있어주고 싶어 하고 도와주기를 원할 것이다. 어떻게 도와줄지는 정확히 알지 못하더라도. 당신이 그들에게 도와주는 방법을 알려줄 수도 있다.

큰 업무를 작은 과제들로 나누어라

다가오는 마감 일정이 너무 부담스러우면, 그 일을 감당할 수 있도록 작은 부분들로 나누어라. 작게 나눈 일들을 목록에 적은 후 하나둘씩 처리할 때마다 목록에서 지우면, 제 궤도를 유지하며 앞으로 나아갈 수 있을 것이다. 일을 완수하기 위해 팀원의 도움이 필요하면, 머뭇거리지 말고 그냥 도움을 구하라.

직장에서 애도하기
(애도하는 누군가와 함께할 때)

상실에 공감하라

같이 일하는 누군가가 아파하고 있을 때, 어떤 말로 위로해야 할지 난감할 수 있다. 대화할 때 일부러 동료의 상실에 관한 이야기를 피하면 그 사람은 자신이 더 고립되었다고 느낄 수 있다. 그러므로 작은 위로의 말로부터 시작하라. 예를 들면, '상심이 정말 크시겠어요. 도움이 되고 싶습니다'라고 말할 수 있다. 그것만으로도 당신은 훌륭하게 시작한 것이다.

능동적으로 경청하라

대화를 같이할 수 있도록 시간을 내어주는 것은 애도하는 누군가에게 주는 자비로운 선물과도 같다. 비록 당신이 무슨 말을 어떻게 해야 할지 모르거나 동료가 겪고 있는 것과 공감할 수 없을지라도, 당신의 귀를 빌려주고 당신의 점심시간을 내어주어라.

충고를 제안하라, 하지만 물어보았을 경우에만

상대방이 원하지 않는 충고는 피하라. 그런 충고는 당신이 의도하지 않은 쪽으로 받아들여질 수 있기 때문이다. 동료가 당신의 의견을 물어본다면, 의견을 공유하라. 하지만 긍휼의 렌즈를 통해서 하라. 터프한 사랑, 즉 엄격한 충고로 도움을 줄 때는 아니기 때문이다.

불편했던 동료와 헤어지기

잘 알려져 있듯이, 헤어짐은 어렵다. 동료와 헤어지는 것은 백 배 더 어렵다.

● 일에 집중하라. 당장 앞에 놓인 일에 관해 생각하라. 직업적 목표와 관련된 당신의 미래에 관해 생각하라.

● 뒷말하지 마라. 동료와 당신 사이에 있었던 불편한 일에 관해 다른 동료들에게 알리지 마라. 모르게 하는 것이 최선이다.

● 한동안 그 동료를 멀리하고 프로다운 모습을 보여라. 일을 잘 처리하면서, 퇴사한 사무실 친구와 마주칠 기회는 최소한으로 줄여라. 그 사람을 만나게 되더라도 당신에게 상처를 준 누구라기보다 엄격하게 한 명의 동료로 보도록 노력하라.

● 퇴사한 사무실 동료와 다툴 때는, 근무시간이 아닌 개인 시간에 하라. 그 사람과 개인적으로 생각을 공유할 필요가 있다면, 사무실에서 멀찍이 떨어져서 하라.

● 힘들더라도 그대로 있어라. 관계를 되살리고픈 생각이 들면, 생각을 실천에 옮기기 전에 심사숙고하라. 만났다 헤어졌다를 반복하는 관계는 직장생활의 독이다.

'썩은 사과' 처리하기

'썩은 사과 하나가 사과 상자 전체를 다 망칠 수 있다'는 속담은 실제로 맞는 말이다. 해로운 동료 한 명이 직장에서 그와 비슷한 결과를 가져올 수 있다. 직장에서 썩은 사과라 함은, 다른 동료들을 험담하고, 끊임없이 불평하며, 한 치의 망설임 없이 언제든 당신을 배반할 수 있는 동료를 말한다. 경험상으로 볼 때, 그런 썩은 사과는 보통 해고당한다. 하지만 당신은 그 파괴적인 사람이 나가기 전까지는 그와 함께 지내야 한다(불행하게도, 가끔은 그 썩은 사과가 해고도 당하지 않는다. 유감스럽게도).

● 접촉은 최소한으로 하라. 거의 만나지 않으면서 가끔 만날 때는 유쾌하게 대하는 것이 부정적인 싸움을 피하는 좋은 전략이다.

● 썩은 사과에 대해 다른 사람들과 논하는 시간 낭비를 하지 마라. 오히려 좋아하는 동료들과의 관계를 확장하는 데 집중하라.

● 말썽꾼에게는 직접 말하라. 침착하게 그 상황과 정면으로 맞서면서, 당신은 직장에서 그와의 관계를 가치 있게 여기며, 개선하고 싶다고 설명하라.

● 메일은 피하라. 메일은 온전히 신뢰하지 못하는 누군가를 상대할 때 사용할 수 있는 것이 아니다. 가장 좋은 전술은 얼굴을 마주하고 대화하는 것이다. 그러면 그 썩은 사과는 당신에 대항해서 사용할 그 어떤 구체적인 것도 기록으로 갖지 못할 것이다(하지만 백업으로 필요한 경우, 그 사람이 당신에게 보낸 저주의 메일은 꼭 간직하라).

12

계속 올라가기

업무 평가 완벽하게 수행하기

직장에서 업무에 대해 정기적인 피드백을 받기는 어렵다. 그렇기에 매년 있는 업무 평가를 하나의 기회로 삼아, 당신이 얼마나 가치 있는 사람인지 보여주고 재확인할 수 있다.

1) 상사와 만나기 몇 달 전에, 당신이 회사의 목표를 성취하는 데 기여했던 모든 방법을 하나하나 되짚어보면서, 자신에 관해 솔직하게 평가해보라. 약점이 있다면, 이번 기회에 그것들에 대해 고심해보자.

2) 업무 평가 전에, 당신이 성취한 것들을 자세히 정리하고 나열하라. 회의에 두 장의 사본을 가지고 가라. 하나는 당신을 위해, 다른 하나는 상사를 위해.

3) 피드백에 대해 수용적인 태도를 보여라. 좋은 피드백 나쁜 피드백 모두.

4) 다음 연도에는 당신이 어떤 목표를 달성하고 싶은지, 목표를 이루기 위해 어떤 도움이 필요한지를 직접적이고 솔직하게 말하라.

5) 당신과 만나는 시간을 내어준 것에 관해 상사에게 감사하라. 건설적 비판은 성장을 위한 촉매다. 비판을 들을 때는 온 몸이 오그라들지 몰라도.

언제, 어떻게 임금 인상을 요구하는가

지난해, 당신은 열심히 일했다. 새로운 도전들을 투지 있게 이끌며, 자신의 역할을 확장해왔다. 응당 보수에 대해 다시 이야기할 시간이 된 것 같다(다른 말로 하자면, 당신은 두둑한 임금 인상을 받아 마땅하다). 이 대화는 시작이 중요하고 어떻게 수행하는지도 중요하다.

타이밍을 완벽히 맞추어라

새해가 시작될 때, 즉 예산에 여유가 있을 때 또는 입사 기념일에 이 대화를 시작하라. 무엇이 이상적인지를 알기 위해, 사전 조사를 하라.

먼저 연락을 취하라

임금 인상을 상의할 날짜를 잡는 메일을 사려 깊게 써서 상사에게 보내라.

준비된 상태로 와라

당신의 업적을 자신 있게 말할 준비를 한 상태로 임하라. 완성된 주요 프로젝트, 당신이 시작한 성공적인 제안들과 성공 사례들을, 그리고 그것들이 회사에 어떤 이득을 주었는지를 강조하라. 다른 사람들로부터 받은 긍정적인 피드백을 섞어가며 이야기하라.

애매모호한 태도를 보이지 마라

당신이 실제로 임금 인상을 요구하고 있다는 것을 명백히 하라.

비상 계획을 세우고 있어라

상사가 임금 인상이 가능하지 않다고 말하면, 이 대화를 언제 다시 할 수 있을지 물어보라. 그리고 상사가 그 약속을 지키도록 만들어라. 임금 논의가 협상 테이블에 없다면, 다른 복지 혜택들, 즉 새로운 기술을 배우는 데 투자될 수업료의 상환이나 유급 휴가 확대 등을 재협상할 수 있는지 물어보라.

내부 인사 이동
(회사 내에서 직종 바꾸기)

회사에서 기회를 만들어나가는 것은 스스로에게 달려 있다. 회사 내 내부 이동도 더 큰 성장의 기회가 될 수 있다. 현 직장에서 괜찮은 기회가 생기면, 도전해보라. 대부분의 조직은 기꺼이 내부에서 인재를 발탁하려 한다. 하지만 측면 이동에도 전략은 필요하다.

1) 지금의 자리에서 적어도 일 년 동안 일했는가? 어떤 회사에서는 일 년 이하 일한 사람을 내부 이동 대상자로 고려하지 않는다.

2) 상사에게 솔직히 말하라. 당신의 커리어에 관심 있는 상사라면, 새로운 자리에 관심을 가지는 것을 옹호할 것이고, 당신의 솔직함에 고마워할 것이다.

3) 내부 이동 시에도, 새로운 회사에서 인터뷰하는 것처럼 인터뷰 준비를 잘하라. 내부 후보자들은 그 자리가 마치 자신의 것인 양 착각하면서 종종 준비를 덜 하곤 한다(오히려 과하게 준비해서 상사를 감탄시켜라).

4) 인터뷰에 합격하고 새 자리로 옮겨가는 과도기에 있을 때, 현재 있는 팀을 잘 도와주라. 인수인계하기 위해 심지어 며칠 동안 당신의 일이 두 배가 되더라도, 유종의 미를 거두어라.

고용된 상태에서 프리랜서로 일하기

본업에 더해 프리랜서 일을 하면, 당신이 가진 기술, 포트폴리오, 연락망, 은행 계좌, 개인 브랜드까지 개발할 수 있을 것이다. 또한 프리랜서로 일하면, 시간 관리에 보다 진지해질 것이다.

● 프리랜서 일을 성공적으로 하기 위한 열쇠는, 현실적인 마감 일정을 정하고 일정을 맞추는 데 필요한 시간을 짜내는 데 있다. 단, 본업을 우선순위로 삼고, 본업에 뒤처지지 않으면서 시간을 내야 한다.

● 근무 시작 전 아침 한 시간 그리고 취침 전 저녁 한 시간을 할애하면, 주 5일을 근무할 경우 일주일 동안 10시간을 프리랜스 프로젝트에 쓸 수 있다. 더 나아가 주말에 5시간을 더 아낄 수 있다면, 당신은 프리랜스 프로젝트에 쓸 시간을 일주일에 총 15시간이나 만든 셈이다.

13

출구

새로운 직장을 찾아라
(현 직장에 재직하는 동안)

새로운 직장을 알아볼 최적기는 현재 고용 중인 상태, 즉 당신이 활발한 네트워크의 한 구성원일 때다. 하지만 구직은 신중히 해야 한다(상사들은 피고용인들이 떠나려고 이리저리 알아보러 다니는 것을 좋아하지 않는다. 그러므로 그들이 완전히 모르게 하는 것이 최선이다).

- 당신의 링크드 인(Linked In) 프로필을 업데이트해서 예비 고용주들의 시선을 끌라.

- 구직 사이트를 찾을 때는 근무시간 이외에 하고, 직장 컴퓨터는 절대로 쓰지 마라(낮에 구직할 필요가 있다면, 개인 랩톱을 가져와서 점심시간에 하는 것을 고려하라).

- 구직에 대해 가까운 친구들과 가족들에게만 이야기하라. 소셜 미디어나 회사 동료들에게는 당신의 구직 소식을 차단하라.

- 구직에 관해 누군가에게 먼저 연락해야 할 때는, 당신이 믿는 사람들에게만 하고 비밀을 지켜달라 부탁하라.

- 아침 일찍 또는 오후 늦게 인터뷰 일정을 잡아서 들키지 않게 하라.

- 무슨 일이 있어도, 현 직장에 관해서는 긍정적으로만 말하라. 예를 들면, '현 직장에서 지금까지 정말 좋은 배움과 경험을 얻었습니다. 이제 저는 새로운 도전을 고대하고 있습니다'라고.

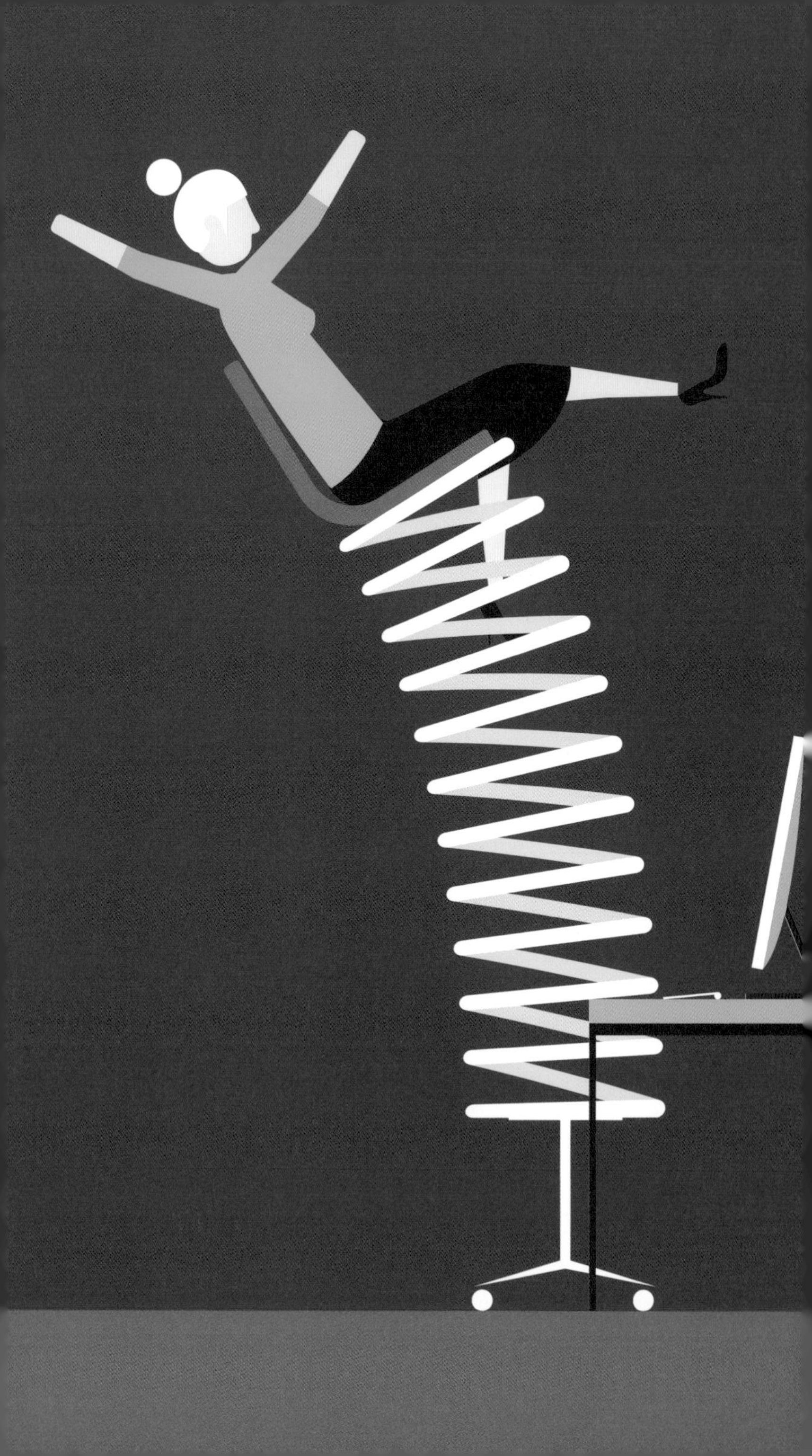

우아하게 그만두기 또는 해고되기

이직은 현 직장에 남을 마지막 인상을 만드는 기회이다. 잘 떠나는 것은 프로페셔널로서의 당신에 대해 많은 것을 말해준다.

그만둘 때

원하는 새로운 직장에서 문서로 된 잡오퍼를 받았을 때, 또는 당신이 떠나려는 마음을 확고히 했을 때, 상사와 개인적으로 이야기할 시간을 잡아라. 왜 떠나는지 차분히 설명하고, 현 위치에서 배운 모든 것들을 강조하며, 출구 전략을 제안하라. 떠나기 두 주(혹은 한 달) 전에 통지하는 것이 보통인데, 조금 더 있을 것을 제안하면 고맙게 여길 것이다. 그리고 직장에서 심각하게 잘못된 대우를 받은 것이 아니라면, 인사과 출구 인터뷰에서 긍정적 태도를 유지하라. 당신의 상사는 그 출구 인터뷰 사본을 볼 것이고, 당신의 외교적 인터뷰 덕분에 당신의 상사를 미래의 추천인으로 삼을 수도 있을 것이다.

해고될 때

잘릴 때 당신이 어떻게 느낄지라도, 상사에게 말로든 몸으로든 공격적으로 화를 표현하는 것은 피하라. 오히려 그 대화를 배움의 기회로 삼아 경청하고, 필요하면 정중히 반대 의견을 표명하고, 그리고 다음 단계가 무엇인지 파악하도록 하라. 퇴직금에 대해, 마지막 날의 계획에 대해, 그리고 동료들에게 이 소식을 어떻게 전할 것인지에 대해 물어보라. 이 대화에 인사과가 참여하지 않았다면, 즉시 당신의 대리인과 상담할 시간을 잡아라. 그 사람이 해고 과정 전반에 관해 잘 설명해줄 수 있을 것이다.

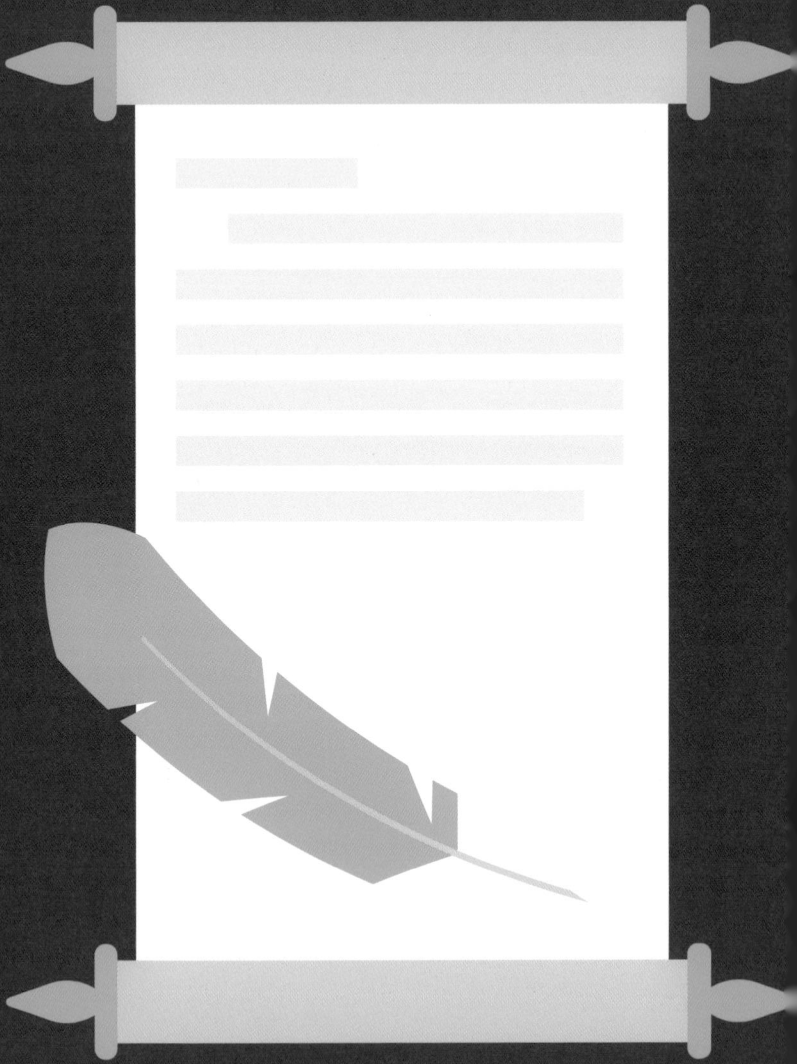

퇴사 서류 작성하기

회사를 떠날 때, 퇴사 서류 작성은 종종 필수 사항이다. 그리고 퇴사 서류를 작성해주면 사람들은 고마워할 것이다. 퇴사 서류는 당신이 했던 일을 빈틈없이 설명해주는 가이드다. 후임에게는 성경처럼 인식될 것이고, 당신의 역할을 하게 될 그 누군가에게는 구원의 은혜가 될 것이다.

퇴사 서류 작성은 버겨울 수 있으므로, 다음과 같이 부분적으로 나누어 처리하라.

1) 당신이 그 업무를 어떻게 보는지, 그 업무가 회사와 어떻게 부합하는지.

2) 필요한 문서들은 어디에서 찾는지.

3) 중요한 사람들의 연락처.

4) 매일 해야 할 업무들을 적은 체크 리스트.

5) 그 자리에서 당신을 성공으로 이끈 열쇠에 관해 어떤 것이라도.

퇴사 서류를 공유 드라이브에 저장하고, 복사본은 출력하여 라벨을 명확히 붙인 후에 다른 사람들이 쉽게 볼 수 있게 하라.

마지막 출근 날에 해야 할 일

직장에서의 마지막 날은 동료들에게 당신에 대한 마지막 인상을 심어주는 날이다. 어쩌면 사람들은 평생 그 인상을 기억할 것이다. 그러니 우아하게 행동하라. 감사하라. 그리고 모든 건강한 네트워크를 온전히 잘 유지하라.

마지막 날에, 일어나서 멋진 옷을 입고 사무실로 향하라.

1) 정시에 도착하고, 남은 모든 일을 다 마쳐라.

2) 연락처를 잘 정리하고, 퇴사 메일을 보내라. '모든 분들에게, 오늘은 이곳에서 제가 근무하는 마지막 날입니다. 여러분과 함께 일하는 동안 정말 즐거웠습니다. 새로운 자리에서 여러분과 다시 연락하게 되기를 고대합니다.'

3) 인사과와 퇴사 인터뷰를 하고, 적절하다면 사장님과도 인사하라.

4) 컴퓨터를 깨끗이 지워라. 중요한 서류들은 공유 드라이브로 옮기고, 쓸모 있는 것은 어떤 것이든 미래에 당신이 사용할 것을 대비해 휴대용 드라이브에 저장하라. 나머지는 다 지워라. 인터넷 방문 기록, 개인 서류들, 메일함 내용 모두.

5) 근무시간 끝까지 머물러라. 그러고 나서 당신이 일을 잘 해낸 것에 대해 자축하라.

감사의 말

저에 대한 무한한 신뢰와 함께 사려 깊게 협력해주시고, 아울러 네이비 야드(Navy Yard)로 가는 길을 인도해 주신 닉 파오챌드(Nick Fauchald)와 도브테일 출판사 관계자들께 각별한 감사를 드립니다. 작가 마르니 해널-보들리(Marnie Hanel-Bordley)의 우정에 감사하고, 내가 모셨던 가장 힘든 상사였던 동시에 가장 너그럽고 최고의 선생님이었던, 흉내 낼 수조차 없는 폴 보가르즈(Paul Bogaards)에게 감사합니다.

멘토이자 친구인 미셸 이샤이(Michelle Ishay), 배너티 페어(Vanity Fair) 문을 통과하게 해준 헤더 할버슈타트(Heather Halberstadt), 끊임없는 지혜와 앞으로 나가야 할 길을 보여준 에이미 벨(Aimee Bell), 38층과 39층에 있는 더 뉴요커, 나의 직장 자매 그룹인 애나벨(Annabelle), 앨리슨(Allison), 칼리(Carly), 캐피(Cappi), 에리카(Erica), 제이제이(JJ), 아드레아(Adrea), 나딘(Nadine), 엘라(Ella), 두니아(Dunia) 여러분을 알게 되어 영광입니다.

찰리 버드(Charlie Bird) 가족들, 뉴랩(New Lab)을 세우고 저를 그 일부로 맞아준 데이비드 벨트(David Belt)와 스콧 코헨(Scott Cohen), 모든 것을 바꾸어준 셜리(Shirley), 내가 가르쳐준 것 이상으로 나를 가르쳐준 스텔라(Stella), 골드-어만(Gold-Erman) 가족들, 당신들을 사랑합니다. 나의 사랑이자 내가 만난 사람 중 가장 열심히 일하는 그랜트(Grant), 그리고 그것을 깨닫게 해준 나의 오랜 동맹자들인 웜(Worm) 가족에게도 감사드립니다.

저자에 관하여

작가이자 미디어 전략가인 몰리 어만(Molly Erman)은, 로봇공학, 인공지능, 그리고 커넥티드 디바이스와 같은 첨단 기술이 뻗어나가는 중심지인 브루클린 네이비 야드(Brooklyn Navy Yard)의 뉴랩 커뮤니케이션 디렉터다. 그녀는 뉴욕의 한 출판사에서 처음 일을 시작했고, 더 뉴요커, 배너티 페어, 아티산 북스(Artisan Books), 알프레드 에이 크노프(Alfred A. Knopf) 등에서 일했다. 현재 맨해튼에서 살면서 실내 화초들이 잘 자랄 수 있도록 열심히 돌보고 있다.

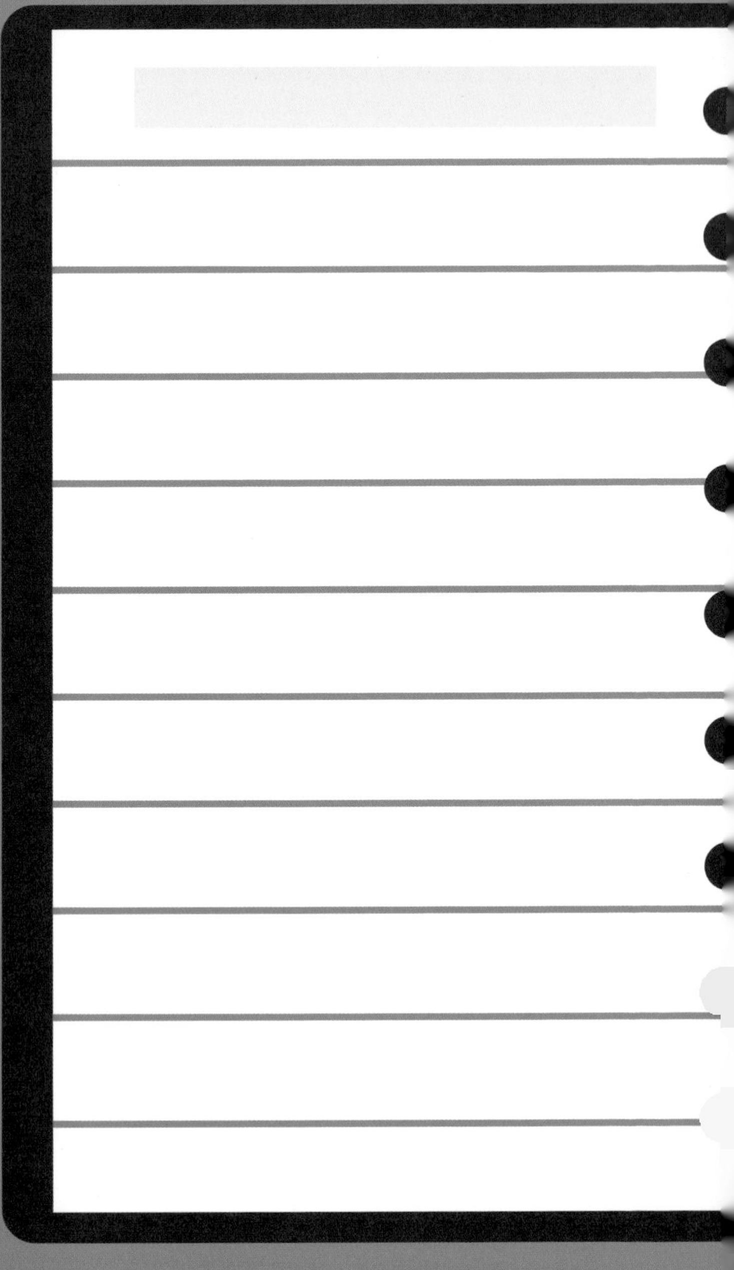

옮긴이 **김지나**

서울대학교 경제학부를 졸업했고, 미국 펜실베이니아대학교에서 경제학 박사학위를 받았다. 다년간의 미국 직장생활을 통해 나름대로 좋은 직장생활 습관이 무엇인가를 고민하다 이 책을 접하고 번역하게 되었다. 현재 미국 의회 예산처에서 수석경제학자로 재직 중이다. 국제 기구에서 일하며 다양한 배경을 지닌 사람들과 각양각색의 영어로 소통을 한 경험과, 학부 때 영문 사적 강독을 하며 정확하고도 자연스러운 한글 번역을 연습한 경험 때문에 그런지, 어려운 전문 용어나 흔히 쓰이지 않는 말을 일반 대중이 이해할 수 있도록 쉽게 그러나 정확하게 전달하는 것을 좋아한다. 한국에 계신 직장인들에게도 이 책이 도움이 되기를 바라며 저자의 의도를 쉽고도 명확히 표현하도록 노력했다.

워크 라이프

품위 있는 직장생활을 위한 76가지 방법

초판 1쇄 인쇄일 | 2020년 8월 26일
초판 1쇄 발행일 | 2020년 9월 15일

지은이 | 몰리 어만
옮긴이 | 김지나

펴낸이 | 신난향
편집위원 | 박영배
펴낸곳 | (주)맥스교육(맥스미디어)
출판등록 | 2011년 8월 17일(제321-2011-000157호)
주소 | 서울특별시 서초구 마방로2길 9, 보광빌딩 5층
전화 | 02-589-5133(대표전화)   팩스 | 02-589-5088
홈페이지 | www.maxedu.co.kr

편집 | 임채혁
디자인 | 유지현
영업 · 마케팅 | 백민열
경영지원 | 장주열

ISBN 979-11-5571-710-3 (13190)

* 이 도서의 국립중앙도서관 출판예정도서목록(CIP)은 서지정보유통지원시스템 홈페이지(http://seoji.nl.go.kr)와 국가자료종합목록 구축시스템(http://kolis-net.nl.go.kr)에서 이용하실 수 있습니다. (CIP제어번호 : CIP2020033312)